汉语双宾句的构式压制

母语者与二语学习者的认知加工差异

张华◎著

中国宇航出版社

·北京·

图书在版编目（CIP）数据

汉语双宾句的构式压制 ： 母语者与二语学习者的认知加工差异 / 张华著. -- 北京 ： 中国宇航出版社, 2025. 4. -- ISBN 978-7-5159-2513-4

Ⅰ. H146.3

中国国家版本馆CIP数据核字第2025WH1237号

策划编辑	李琬琪	**封面设计**	李彦生
责任编辑	李琬琪	**责任校对**	冯佳佳

出版发行	**中国宇航出版社**		
社　址	北京市阜成路8号	**邮　编**	100830
	（010）68768548		
网　址	www.caphbook.com		
经　销	新华书店		
发行部	（010）68767386		（010）68371900
	（010）68767382		（010）88100613（传真）
零售店	读者服务部		
	（010）68371105		
承　印	三河市君旺印务有限公司		
版　次	2025年4月第1版		2025年4月第1次印刷
规　格	880×1230	**开　本**	1/32
印　张	7.5	**字　数**	188千字
书　号	ISBN 978-7-5159-2513-4		
定　价	60.00元		

本书如有印装质量问题，可与发行部联系调换

前　言

语言作为人类重要的交际工具，如何满足各种交际需求？如何适应社会的变化发展？洪堡特（1997）认为语言是有限手段的无限运用。但为何语言能够成为有限手段的无限运用？其绵绵不绝的创造力源自何处呢？索绪尔（2011）用符号理论解释了语言创造力的来源，将语言看作一个符号系统，有限的语言符号通过组合、聚合关系组成无限的言语。

构式语法认为构式也是一种语言符号，是形式和意义或功能的配对，进而提出语言是一个由不同抽象程度和复杂程度的构式所构成的网络（Hoffmann & Trousdale，2013）。随着社会的发展，新事物的出现，新的词语和表述方式也会随之产生，如随着短信、微信的广泛使用，汉语中“有事儿短信/微信我”的说法也被越来越多的人接受。言语交际过程中，人们总是能够根据场景的需要创造性地使用有限的语言结构来表达意义，比如母语者会创造性地使用“按他一下喇叭”来表示“通过按一下喇叭提醒他”的意思。在语言的使用、接触和演化过程中，也常常会赋予词语新的用法，如“粉丝”源于英语中的fans，随着使用频率的增加而形成“X粉”词族——脑残粉、铁粉、忠粉等，促使了“粉”的语素化，最终发展出动词的用法，如“他说在国外的时候，和小伙伴一起“粉”了一首歌……”（张小平，2018）。二语习得过程中，第二语言学习者也会创造性地使用学过的结构来表义，如“我决定写您这封求职信”[①]。这是因为第二语言学习者对结构或词语本身的语义或句法特征掌握不足，从而导致偏误的出现。

有限手段和无限情境之间的矛盾促使人们在交际过程中利用已有的构式来同化那些在本质上相契合但又在某方面有特征差异的成分，经过套用、变用等方式顺应构式形式、语义或功能上的需求，使之进入相关构式中，促使原有构式产生新的用法，可以用以描述新的语言现象，这种同化的过程也正是所谓的构式压制（施春宏，2015）。构式压制就是通过形式和意义的互动来解决冲突，因此对构式压制现象的认识和分析不仅能为构式的存在提供一定的证据，而且能够推动人们重视对语言表达可能性和现实性关系的认识，启发人们对语言变化、语言表达方式的继承和创新做出新的思考（施春宏，2015）。

目前国内对构式语法、构式压制的研究主要集中在理论探讨和构式压制得以实现的某一构式的句法、语义特征的分析上（王寅，2011；刘正光，2011；顾鸣镝，2013），如对双宾构式、存现构式等都进行了细致的描写和分析。汉语构式的充分描写也为汉语构式习得和加工研究提供了基础。构式习得方面的研究也取得了一些成果（董燕萍，梁君英，2004；徐维华，张辉，2010；施春宏，2017；郝暾，2018）。也有学者将构式理论应用于对外汉语教学中，如陆俭明（2011，2016）提出的构式-语块教学法等。但是对于构式以及构式压制的心理现实性目前尚未有深入研究（Hoffmann & Trousdale，2013），以汉语为材料或以汉语母语者（以下简称母语

① 施春宏，等，2017. 汉语构式的二语习得研究[M]. 北京：商务印书馆.

者）和汉语作为第二语言的二语者为研究对象的构式实证性研究更少，且仍较多采用句子分类等离线任务（董燕萍，梁君英，2004；郝暾，2018）。而且在线加工过程研究的结论也不一致，同样是采用ERP（event-related potential，事件相关电位）技术考察汉语构式的加工，叶铮和周晓林（2007）认为构式义的违反诱发了与论元语义违反不同的N400，这表明句子的整合受到构式义的影响，为汉语构式义的存在提供了在线加工的证据；而于亮等（2017）以不同类型的双宾句和主谓句为实验材料，发现二价动词双宾句的动词和直接宾语（NP_2）后的N400及LPC（late positive complex，晚正复合波）都不同于其他类型的句子，从而支持动词中心说。研究结论的不一致也促使更多研究者对汉语构式以及构式压制展开进一步的研究。

ERP是一种通过脑电图（EEG）记录的神经电活动，具有毫秒级的高时间分辨率，能够反映大脑对特定刺激（如语言）的实时认知处理过程。ERP数据能够为语言研究提供神经证据，帮助验证或修正理论假说。因此本书采用ERP技术，对汉语构式及构式压制的加工过程进行探究。选取不同类型的汉语双宾句作为研究材料，因为汉语双宾句的理论和描写研究充分，能够为实验研究提供坚实的理论基础和丰富的语料。而且双宾构式在汉语和英语中结构形式相同，但表达的意义不完全相同，是汉语作为第二语言习得过程中的重点和难点。因此本书以母语者为参照，考察以英语为母语的汉语高水平二语者（以下简称二语者）在汉语双宾句的理解过程中是否能够提取汉语双宾构式义，如何通过处理构式和词项之间的语义或句法冲突，实现对双宾构式的语义整合。希望能够为当前的构式及构式压制研究从神经生理机制方面提供依据，并从理解加工的角度为汉语双宾构式压制过程中构式义、动词与论元关系的探讨提供依据。通过与母语加工的对比，进一步揭示构式压制作为二语加工的过程和影响因素，丰富汉语构式作为二语的习得和加工研究。

本书通过三个实验，辅以访谈、句子评定和纸笔翻译，考察了母语者和二语者在汉语双宾构式压制句的理解过程中，构式与内部各构成成分之间的互动关系，探究了汉语双宾句加工中的构式压制机制，并对比了母语者和二语者构式压制机制的异同。

实验一以活用名转动词构成的双宾构式压制句为实验材料，采用自定步速实验，通过句子可接受性判断任务，考察被试在加工强冲突双宾构式压制句时是否会因冲突过强而放弃加工，以及两组被试构式压制句加工过程的异同。实验二在实验一的基础上，采用ERP技术，通过句子可接受性判断任务，继续考察两组被试在加工强冲突双宾构式压制句时构式义与各构成成分之间的关系。实验三选取二价/准三价动词构成的给予义动词双宾句作为实验材料，通过ERP实验考察母语者和二语者在弱冲突双宾构式压制句加工中构式义与构成成分之间的交互过程及其异同。

通过上述三个实验，发现汉语双宾结构中存在独立于动词的整体构式义，该构式义不是各成分意义的简单组合，而是在语言使用和发展中，在各成分互动基础上浮现出来的整体结构义。母语者和二语者在双宾句加工中可以提取该构式义，参与句子意义的整合和理解。由于受习得年龄和汉语水平等因素的影响，二语者对构式义的提取在时间进程上稍晚于母语者，二语者能够比较容易地意识到句中成分对构式义的违反，但是利用构式义对出现冲突的动词和论元角色进行压制则相对困难。从句子加工角度来说，母语者和二语者对双宾构式压制句的加工过程同中有异。两组被试对句子成分和语义整合的总体阶段相同，都符合扩展的论元依赖模型（the extended Argument Dependency Model，简称eADM）的预测，能够在加工NP_2时提取包括构式义在内的各种信息参与计算，完成语义整合加工，但二语者对句中成分的精细加工方式和结果更符合浅结构假说。除了构式压制机制的不同，二语者和母语者构式压制实现的条件也存在一定差异，在强冲突（如词类信息违反）条件下对压制句进行在线快速加工时，二语者较难成功实现构式压制。

受限于时间和能力，本书也存在一些不足之处。从本书的研究材料来说，实验中采用的构式压制句都是语义上可以理解、句法上存在错误的句子。句法上完全正确而语义上有歧义的构式压制句，其加工方式将有何不同？这是未来研究中值得探讨的问题。在以后的研究中，可以选取汉语双宾句中特有的表示双向传递的歧义句，如“张三借了小王一本书。”为实验材料，考察母语者和二语者对该类句子加工方式的异同。此外，本研究以双宾句为材料所得到的结果是否可推广至其他结构的构式加工？这也有待于今后更多实验研究的检验。从本书的研究内容来说，本书仅对比了两组被试在汉语双宾构式压制句加工中构式压制机制、条件、作用的不同，对其背后的原因未做更深入的探讨。实验三表明二语者能够提取汉语双宾构式义对动词的冲突进行压制，但该结果是否受到其母语中相关结构的影响？这需要在今后的研究中继续探讨。

本书的出版得到浙大宁波理工学院人才引进项目“汉语双宾构式句加工的ERP研究”以及浙大宁波理工学院浙江省语言文字推广基地的资助。

张华

目　录

第 1 章　国内外研究现状

本章首先对研究得以展开的理论背景进行梳理，然后对该理论的相关实证研究进行评述，最后一部分则是对本书的具体研究对象——双宾构式的相关研究进行梳理，并从英汉对比的角度，探讨汉语双宾构式的特点。

1.1　理论基础

构式语法理论既受到生成语法理论（Generative Grammar）的影响，又源于对生成语法理论的批判。生成语法理论是目前西方主流的语言学理论。英国语言学家约翰·莱昂斯（John Lyons，1977）认为“不论乔姆斯基的语法理论正确与否，它无疑是当前最有生命力、最有影响力的语法理论。任何不想落后于语言学发展形势的语言学家都不敢忽视乔姆斯基的理论建树。目前，每个语言学‘流派’都要对照乔姆斯基对某些问题的看法来阐述自己的立场”（转引自刘润清，2002：158），构式语法亦然。因此本书首先简单对比生成语法理论和构式理论的基本观点，之后主要对相关的构式理论进行梳理。

1.1.1　构式理论与生成语法理论

乔姆斯基发现和儿童产出的语言相比，儿童接受的语言刺激是有限的，即“刺激贫乏论”，并据此反对行为主义的“刺激-反应”“模仿-记忆”的语言学习理论。进而提出语言的“天赋论”观点，认为大脑中先天嵌入了一种机制——语言习得机制（language acquisition device, LAD）。LAD的核心是“普遍语法（Universal Grammar, UG）”，UG是人类共有的，婴儿天生就具有UG，并且提出语言自治和句法自治。语言自治即语言能力独立于其他认知能力，句法自治即不需要参照意义和其他因素就能对语言从形式上做出系统描述（Chomsky，1959，2002；刘润清，2002：195；王寅，2011：84）。

构式语法理论是基于用法的理论，反对“天赋论”和句法自治，认为构式是形式和意义或功能的配对，语义直接与表层形式联系，不存在转换或派生，各类构式由传承性关系而连成网络。需要注意的是，不是所有流派都采纳所有的原则，也不是所有的研究者都同样强调所有的原则。确切地说，构式语法更像是一种构式主义的研究方法，而不仅仅是某一种语法（Hoffmann & Trousdale，2013）。目前构式语法理论主要有7种不同的流派，本书主要依据戈德伯格（Goldberg）的认知构式语法理论，因此在进行相关理论梳理时，也将以认知构式语法理论的观点为主。

以下将从构式的定义和范围、动词与构式的互动两个方面，对认知构式语法理论进行梳理。

1.1.1.1 构式的定义和范围

本书采用的构式概念，是戈德伯格给出的经典定义：“C是一个构式，当且仅当C是一个形式和意义的配对<Fi, Si>，且C的形式（Fi）或意义（Si）的某些方面不能从C的构成成分或其他先前已有的构式中得到完全预测。”（Goldberg，2007）

据此定义，构式有两个特征：1）形式和意义的配对；2）形式和意义的不可预测性。尽管在戈德伯格（2013）的《运作中的构式：语言概括的本质》中重新定义了构式，即“任何语言格式，只要其形式或功能的某些方面不能从其组成部分或其他已经存在的构式中得到完全预测，就应该被看作一个构式。此外，即使有些语言格式可以得到完全预测，只要它们的出现频率很高，这些格式仍然会被语言使用者存储为构式”，这一定义取消了不可预测性作为构式判断标准的必要条件。因为她认同兰盖克（Langacker，1987）提出的“既涉及实例又涉及概括的基于使用的研究方法”，认为语法“包括讲话者具有的全部约定俗成的语言知识，不管这些语言知识能否被纳入更普遍的名称之下”，因此不可预测性不是设定构式的一个必要条件。加之心理语言学有关语言加工的证据已经表明，虽然有些格式是其他构式的完全规则的实例，因而是可以预测的，但只要它们的使用率很高，那么它们也会被语言使用者所存储。然后戈德伯格以walked为例，说明尽管它能从walk这个词项和“过去时语素”构式的组合中得到完全预测，walked依然可以作为构式被储存。戈德伯格（2013）给出了一个关于构式例子的列表，见表1-1。

为了扩大构式理论的解释力，戈德伯格将词和语素纳入构式的范围。由于某些词的意义不再具有不可预测性，如戈德伯格所举的“walked”，进而取消了构式“不可预测”的特征，将构式的范围扩大到了语素和单词。但是不少学者并不认同这一观点。石毓智（2007）认为将语素和词纳入构式的范围与认知语言学的有关定义[①]不相符，而且这样的扩展不仅“混同了两种性质很不一样的语言单位之间的本质区别，也没有带来任何实际的研究效用，而是徒增概念混乱”。陆俭明（2008，2016）认为戈德伯格将语素和词看作构

① 兰盖克（1991）认为“构式（construction）”至少是由两个要素组成的单位。

表1-1　构式的例子（大小和复杂程度不同）①

语素	例如：pre-（前缀，表示“前”），-ing（现代分词后缀）
词	例如：avocado（鳄梨），anaconda（蟒蛇），and（和）
复杂词	例如：daredevil（莽汉），shoo-in（稳操胜券者）
复杂词 （部分填充的）	例如：[N-s]（规则名词复数）
熟语 （完全填充的）	例如：going great guns（非常成功） give the Devil his due（即使对坏人也要公平对待）
熟语 （部分填充的）	例如：jog < someone’s > memory（使<某人>突然记起），send < someone > to the cleaners（骗走<某人>全部的钱）
共变条件构式	The Xer the Yer 例如：The more you think about it, the less you understand.（你思考得越多，理解得就越少。）
双及物（双宾）构式	Subj V Obj_1 Obj_2 例如：He gave her a fish taco.（他给她一个鱼肉卷。） He baked her a muffin.（他给她烤了一个松饼。）
被动构式	Subj aux VP_{pp}（PP_{by}） 例如：The armadillo was hit by a car.（这只犰狳被一辆车撞了。）

式和其提出的“最大经济性原则”相矛盾，“如果把一个个语素、词、成语、短语结构都看成构式”，这样构式的数量就无穷无尽了，而且会导致“要素上无法统一”的问题，即如果构式是形式和意义的配对，那么语素作为构式，它的形式只能是“语音形式”，

① Goldberg A E，2013．运作中的构式：语言概括的本质[M]．吴海波，译．北京：北京大学出版社：5.

而句法层面的构式，其形式“应该或者说可能是指形成构式的词类序列和构成构式的语义配置”，这样的话，对构式的“形式”的理解就会存在概念上的本质差异。本书认同石毓智和陆俭明的观点，认为构式包括两个及以上的构成成分，并且基于认知语言学“整体大于部分之和”的完形原则，构式具有两个特征：1）形式和意义的配对；2）形式和意义作为整体的不可预测性。具体到汉语双宾句，其不可预测性则指仅仅从构成双宾句的动词或宾语，不能必然得出双宾构式的传递义。例如“张三分了李四半个苹果”中动词“分”表示“使整体事物变成几部分或使连在一起的事物离开（跟“合”相对）”①，并没有“传递”的意义。如果从分解的角度看，这句话也可能表示“张三把李四的半个苹果分成了几块”的意义，但这种理解需要大量的语境信息作为额外补充才能成立。对这句话最自然的理解是“张三从李四那得到了半个苹果”或“张三把半个苹果给了李四”，整个句子所表达的“传递”的意义并不仅仅来源于“分”和它的宾语，还包括双宾结构自身所带有的意义。

1.1.1.2 动词与构式的互动

构式语法认为构式自身具有独立于动词的意义，同时构式义和动词的意义互相影响。

动词的意义

认知语义学强调框架和凸显②（Langacker，1987）对词汇意义的决定作用，如一个单层建筑物的顶部，从外部看被称为roof，从内部看则被称为ceiling。戈德伯格（2007：28）认为对动词的认识也应该参照包含丰富世界知识和文化知识的背景框架。传统语法分析中

---

①《现代汉语词典（第7版）》中“分”的释义。

② profiling，有些译为侧重，侧显。

对动词的解释，如“X致使Y收到Z”“X做出动作”或“X致使Y移向Z”等并不能描述动词的意义，除了极少数动词，如give、make、do等，这种与句法有关的动词的意义实际上是构式的意义。动词的框架语义信息对理解该动词非常规用法的可接受性具有重要作用，如sneeze能出现在致使移动构式中，而yawn则不能，是因为打喷嚏会产生强烈的气流，从而有可能将纸张等吹走，而打哈欠因为不具有致使纸张等移动的可能性，而不能进入这一结构。对句子中副词和附加语分布的预测也需要参照动词所包含的细节。如

（1）Joe walked into the room slowly. 乔慢慢走进房间。

（2）*[①]Joe careened into the room slowly.乔慢慢冲进房间。（Goldberg，2007：28）

只有知道了careen（冲）表示快速、不可控的移动，才能判断（2）中不能出现slowly。只有依据了动词的框架语义知识，才能区分动词意义的不同、解释动词不同而构式相同的句子之间的差异。

戈德伯格强调背景框架和认知凸显在动词意义识解中的作用，以及动词所包含的框架语义信息在语言理解和语言习得中的作用。

构式的意义

戈德伯格（1995：75）认为构式的意义是一个复杂的密切联系的意义家族。构式具有多义性，同一结构对应于一组不同但是互相联系的意义，其中一个是中心意义、典型成员，其他意义从中心意义延伸而出。以英语双宾构式为例，其中心意义是“施事主语成功地致使一个客体转移给接受者”，以中心意义为基础，延伸出众多其他与之相关的意义。

---

① *表示句子不完全正确。

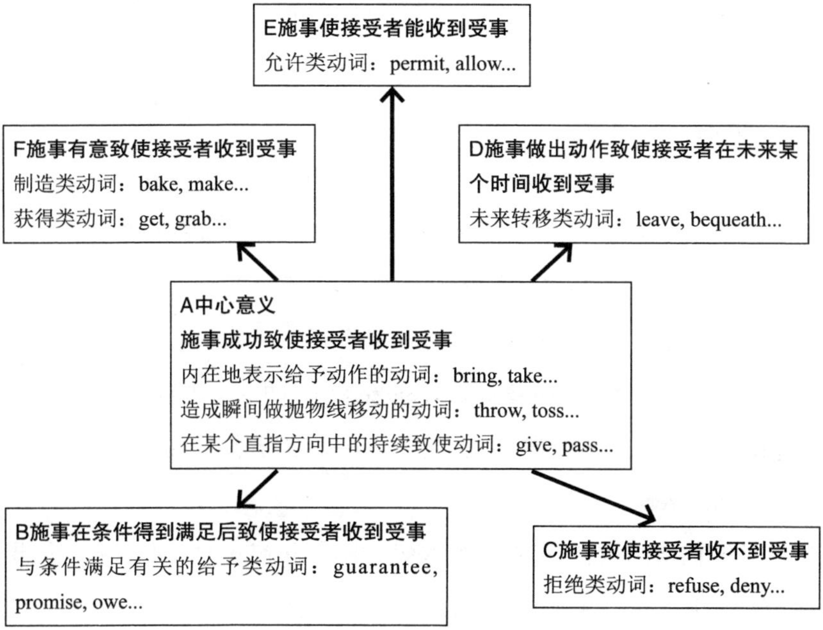

图1-1　英语双宾构式的意义①

构式的中心意义是对人类经验中最基本的事件类型的编码。戈德伯格列举了儿童习得方面研究的成果来支持她的这一假设。克拉克（Clark，1978）观察到儿童最早使用的动词通常是“通用动词”，如go, make, do, get。戈德伯格认为这些动词的意义和构式的意义非常相似，如go的意义与非及物移动构式有关；put的意义与致使-移动相似。研究表明（Bowerman，1973），在儿童早期习得语言的过程中这些最早使用的通用动词具有跨语言的共性，且应用广泛，使用频率很高，因此这些有限的抽象意义在认知上是突出的，直接与论元结构构式相连。

① GOLDBERG AE, 1995. Constructions: A construction grammar approach to argument structure [M]. Chicago: The University of Chicago Press:75.

总之，戈德伯格认为构式具有多义性，中心意义是对人类经验中最基本的事件类型的编码，并从中心意义延伸扩展出众多其他意义。

动词和构式的整合

戈德伯格（2007：41）用参与者角色（participant role）限定动词的意义，用论元角色（argument role）限定构式的意义。论元角色是更普遍的角色（如施事、受事、目标）。动词的参与者角色是论元角色的实例，体现特定的选择限制，例如kick涉及两个参与者——踢者（kicker）和被踢者（kicked），即kick<kicker kicked>，而sneeze只涉及一个参与者角色——打喷嚏者（sneezer），即sneeze<sneezer>。

戈德伯格用熔合（fusion）来描述动词和构式的互动关系。如果一个动词是与某个具体构式相联系的某一类动词中的一员，那么该动词的参与者角色与该构式的论元结构的论元角色熔合（fuse）。熔合有两条原则——语义连贯原则和对应原则。语义连贯原则指动词的参与者角色和构式的论元角色语义一致，参与者角色是论元角色的一个实例，如kick框架中的kicker是双及物构式中施事角色的一个实例，因此可以熔合。对应原则指动词所凸显并得以表达的参与者角色必须和构式所凸显的一个论元角色熔合。如果动词有三个被凸显的参与者角色，则其中之一可以与构式中未被凸显的一个论元角色熔合（Goldberg，2007：47）。以双宾构式为例，见图1-2。Sem（semantic）表示语义，Syn（syntactic）表示句法，PRED（predicate）表示谓语动词，R（role）表示角色。第一行表示构式义，通过论元成分表示其语义关系，构式义为：agent致使receiver收到patient。中间一行表示构式限制的开放槽（open slots），谓语动词的参与者角色与构式论元角色在此熔合。最下一行表示动词-构式

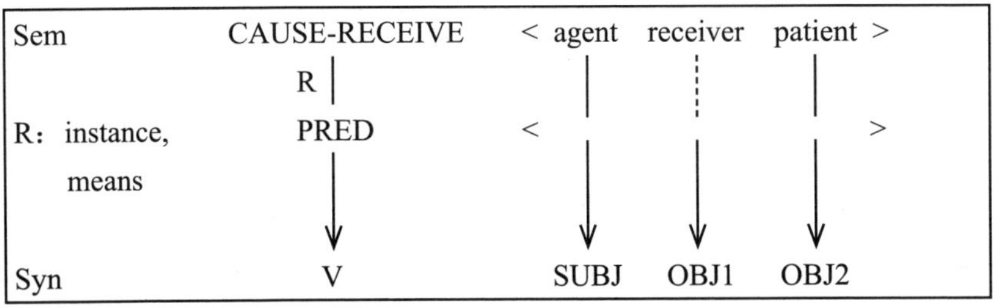

图1-2　双宾构式[①]

语义熔合之后在表层句法层面的实现。第一行和第二行之间的实线表示构式的语义角色和动词的参与者角色必须熔合，虚线表示不必与动词的参与者角色熔合的构式的语义角色，即构式自身可以提供的额外的参与者角色。

正常情况下，动词和构式的语义一致时，两者直接熔合，如hand进入双宾构式，hand的参与者角色<hander（传递者）、handee（接收者）、handed（传递物）>和双宾构式的论元角色<agent（施事）、接受者（receiver）、patient（受事）>直接熔合，如图1-3所示。

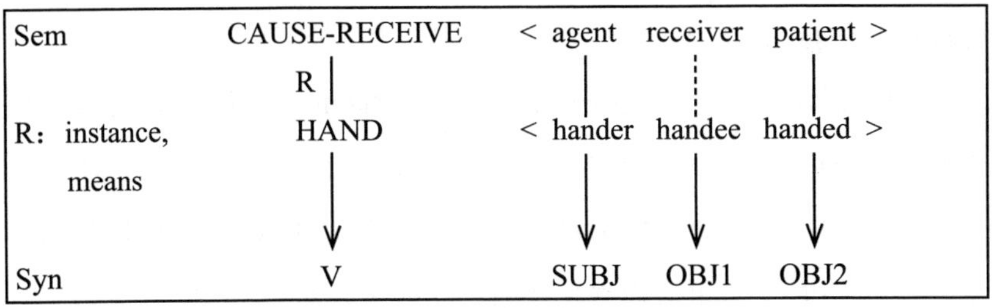

图1-3　双宾构式与hand熔合[②]

---

① Goldberg A E，2007. 构式：论元结构的构式语法研究[M]. 吴海波，译. 北京：北京大学出版社：48.

② Goldberg A E，2007. 构式：论元结构的构式语法研究[M]. 吴海波，译. 北京：北京大学出版社：49.

hand的三个被凸显的参与者与双宾构式中被凸显的论元角色一一对应。

当动词的参与者角色和构式的论元角色不匹配时，如kick有两个参与者角色，典型用法是用于及物构式。当kick用于双宾构式中时，句中的接受者角色由构式提供，与动词的参与者角色没有关系，此时句子的“给予义”由构式提供，而动词则用以详细说明给予的方式，句子的意义是构式义和动词意义的熔合。如图1-4所示。

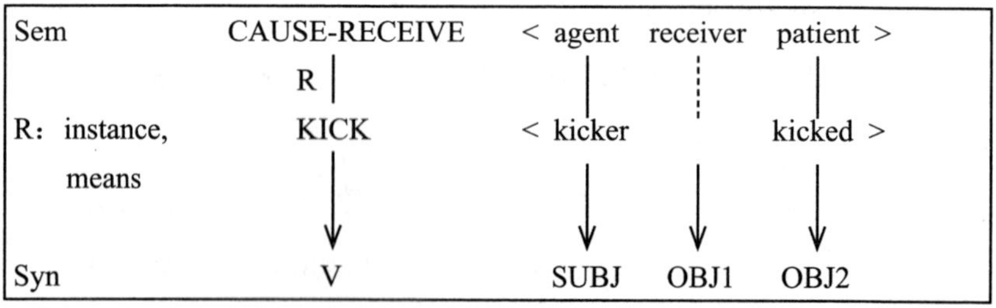

图1-4 双宾构式与kick熔合①

根据语义一致原则，kicker只能与agent熔合，因为施事角色是唯一一个与其语义一致的角色，kicked角色是受事角色的一个实例，receiver由构式提供。

构式语法认为某一句子的语义是由动词的语义和构式的语义整合后产生的。对于某一特定构式，并不是所有的动词都可以进入，那么构式如何对进入其中的动词进行限制呢？戈德伯格（2007：63-64）认为动词意义和构式意义之间存在如下关系。

如果e_c是构式表示的事件类型，e_v是动词表示的事件类型，那么，

① Goldberg A E，2007. 构式：论元结构的构式语法研究[M]. 吴海波，译. 北京：北京大学出版社：51.

1）e_v必须通过下列方式之一与e_c相连：

■ e_v是e_c的一个子类；

■ e_v表示e_c的手段；

■ e_v表示e_c的结果；

■ e_v表示e_c的前提条件；

■ 在极有限的范围内，e_v表示e_c的方式、确定e_c的手段或e_c有意造成的结果。

2）e_v和e_c必须至少共有一个参与者。

戈德伯格的认知构式语法，提出动词论元结构具有独立的意义，通过动词与构式互动关系的探讨，用构式义解释动词的超常用法，能够避免动词的不合理意义，避免循环论证，具有语义描写的经济性，因而具有特别的解释力。

但很多学者（Langacker，2005；孙志农，2008；程琪龙，程倩雯，2015；袁野，2017：18）认为在动词和构式的互动关系中，戈德伯格过于强调构式的作用。兰盖克（2005）提出如果将“He sneezed the napkin off the table.”中“sneeze”带有的“致使移动”的意义归于构式，那么“Mia kicked the ball into the stands.”中“kick”是否有“致使移动”的意思呢？兰盖克认为，与sneeze不同，kick所表示的“致使移动”是一种沉淀在语言中的规约性用法，因此“Mia kicked the ball into the stands.”表示的“致使移动”的意思与动词的规约性意义有关。徐盛桓（2007）在生成整体论的指引下，从相邻关系视角，通过对无“给予义”（词典义中无“给予义”）的英语双及物句的研究，发现SVOO所具有的“给予”构式义并非无源之水，所有非“给予”义动词所表示的动作都蕴含了“给予”过程。孙志农（2008）指出，戈德伯格认为动词的意义不会因为构式的改变而改变，包含相同动词的不同论元结构所在的意义差别完全是由构式造成的，这一观点“忽略了构式和词汇之间的动态互动关系”。孙志农认为，词汇与构式的熔合是相互影响、相互适应的动态过程，伴随着意义的在线建构和识解，绝非参与者角色和论元角色的重合与补充的静态合成。

戈德伯格的认知构式语法首提抽象的结构式带有意义，从而可以将动词不同但结构相同的句子统一在同一构式下，避免了对动词意义的强制性规定。但其过于强调构式的作用，“割裂了词汇与构式之间的互动关系”（孙志农，2008）。

国内很多学者将构式理论应用于汉语研究中，从理论和实践两方面促进了构式理论的发展，出现了一批专著对各种不同流派的构式理论进行介绍、比较并将其应用于汉语研究，如王寅（2011）的《构式语法研究》（上卷，下卷）、牛保义（2011）的《构式语法理论研究》、刘正光（2011）主编的《构式语法研究》、吴为善（2016）的《构式语法与汉语构式》、袁野（2017）的《构式语法的理论、流派和应用》等。同时，还有大量研究具体汉语构式实例的论文，进一步深化了汉语构式的研究。张伯江（1999，2000）将构式理论应用于汉语双宾结构和“把”字句的研究，沈家煊（2000）运用构式理论解释汉语“偷”和“抢”的语义凸显的差异，陆俭明（2004，2008，2009，2011，2016）不仅将构式理论应用于汉语现象的研究和对外汉语教学，而且在构式理论的基础上提出构式语块分析法作为传统句法分析法的补充。本书主要关注汉语双宾构式的相关研究，将在1.3汉语双宾构式相关研究部分详细讨论已有研究成果。

1.1.2 构式压制

压制（coercion）在近25年来的语言学研究中受到关注，引发众多讨论（Lauwers & Willems，2011）。与之相关的概念还有类型迁移（type shifting）（Partee and Rooth，1983；Almeida，2004）、增义性组合（enriched composition）（Jackendoff，1997）、隐含的转换（implicit conversion）（Talmy，1998）。

这一话题常常涉及的语言现象包括：

（3）He began the book.

（4）She suddenly knew it.

（5）He sneezed the napkin off the table.

（3）中begin后面要求出现的是表示事件的名词，如：He began the lecture.当begin后面出现一个实体名词，如book时，（构式中的）begin迫使the book发生类型迁移，用来表示一个事件，如write/read the book。

（4）中施压成分（the coercing element）是附属成分，如副词suddenly。被压成分（the coerced element）是中心成分，如动词know。附属成分suddenly改变了中心成分状态动词know的体特征（know——came to know）。

（5）中施压成分是结构，而被压成分是动词本身。戈德伯格（2007：52）认为构式迫使动词增加或减少参与者角色。如sneeze作为不及物动词，只有一个凸显的参与者角色 <sneezer>，当sneeze进入致使移动构式时（如：Frank sneezed the tissue off the table.），构式就会为动词提供一个目标论元和一个客体论元。施春宏（2012）将此类压制看作是构式整体对组构成分的上对下的压制。德·斯瓦特（De Swart，1998）认为：压制是为了解决（语义）冲突而引发的取决于隐性句法环境的再解释机制。

从施压者的角度，王寅（2011：363；2013）将压制分为构式压制和词汇压制，认为只要是对语句（包括短语或分句）的结构、意义和用法起主导性或关键性作用，并迫使他者做出适当调变的现象，都可称作“压制”。在一个语句中如果是词层面以上的语法构式起主导作用，就叫构式压制；如果是词汇起主导作用，能调节或改变整个构式意义或用法，可以称为词汇压制。但米歇利斯（Michaelis，2004）主张在构式理论的框架中论述压制现象，认为构式的框架（constructional framework）提供了一个整体的（非模块化的）解释机制，正是通过这一机制为体因子（aspectual operators）创造了解释性的上下文环境，因此是构式，而非词汇的中心决定了某一开放类成分（open-class element）的组合的可能性（combinatory possibilities）。施春宏（2015）也认为构式压制既可以是构式整体对组构成分的压制，也可以是构式的某一组构成分对另一组构成分的压制。

米歇利斯（2004）提出了构式的统领原则（the override principle）：如果一个词项在语义上跟它所出现的形态句法环境不相容，那么该词项的意义就应当遵守它所嵌入运用的结构的意义。

施春宏（2012）认为在词项进入构式的过程中，如果词项的功能及意义跟构式的原型功能及意义不相吻合，那么构式就会通过调整词项所能凸显的侧面来使构式和词项契合，因此构式压制是构式对词项的选择，也是词项对构式的适应。

对于构式压制，既可以从施压者的角度考察，也可以从受压者的角度。比如“He began the book.”，对于此类现象，施春宏（2015）认为the book可以表示事件是源于构式的压制，具体而言是构式中begin的压制，代表了构式中某个组构成分对另一组构成分的压制。生成词库论（Pustejovsky，1995）从名词本身的特点出发，认为名词本身所具有的物性结构（qualia structure）决定了其能够被压制。以the book为例，其本身所具有的施成角色（agentive role）——描写事物是怎样形成或产生的，或者功用角色（telic role）——描写事物的用途和功能，使得该词能够获得事件性解读。如果从施成角色出发，获得的解读就是begin to write the book；如果从功用角色出发，获得的解读是begin to read the book。

生成词库论和构式理论的解读看似不同，但其实只是各自侧重的角度的差别。构式压制从施行压制的主体，如begin入手，强调的是构式或者构式的构成部分对the book 的改变；而生成词库论从被压制的名词入手，强调的是名词得以被压制的条件，两者对问题解释的角度不同而已。这也启示我们，构式压制不应该只是单方向的，仅仅是构式对进入其中的词项的作用。很多学者已经注意到，构式压制应当是一种相互作用。

戈德伯格（1995）虽然重点论述的是构式对动词参与者角色的改变，但依然重视构式和动词的互动关系，其著作中第二章之标题即为“动词与构式的互动”。施春宏（2014）从构式的“招聘”机制和组构成分的“应聘”机制的互动探讨了构式压制。

总之，构式压制可以体现为构式对词项、词项对词项的压制，本书中的构式压制特指前者。构式压制的前提是存在冲突，本书中指词项进入构式时的语义或句法冲突。冲突解决的条件是词项和构式之间可互动，构式的特征以及词项本身的特征共同决定了压制能否成功。压制的结果是词项的语义特征或论元结构发生改变（增加或减少论元），以适应构式的结构和语义。通过构式压制形成的句子，本书称为构式压制句，此类句子在句法或语义上有冲突，但可以通过构式压制解决冲突，理解句子意义。

1.1.3 句子加工理论

从书面语理解加工的角度看，语言是随时间展开的持续不断的信息流。读者要将这些信息流分解为独立的意义和结构的序列单位，然后再将其整合成一个清楚明白的意义。目前对句子理解加工过程的解释主要有弗里德里希（Friederici，2002）提出的句子加工中的三阶段神经认知模型（Three-phase neurocognitive model）与博恩克瑟和莱斯韦斯基（Bornkessel & Schlesewsky，2006，2008）提出的扩展的论元依赖模型。在实验后的综合讨论部分，将结合数据结果分析，详细说明这两个模型的异同。以下重点综述句子加工指标的相关研究结果。

ERP为探索句子理解加工的时间进程提供了一个理想的工具（Osterhout et al.，1997）。ERP是突触后电位的总和，反映了与刺激同步的大脑电生理信号，时间分辨率能够达到毫秒级。且ERP成分是多维度的，可以从极性（P/N）、波幅、潜伏期和头皮分布等多方面来描述（陈庆荣等，2011）。一般来说，波幅反映了大脑认知加工的努力程度，所需要的认知努力越大则波幅越大；潜伏期则反映了神经活动与加工过程的速度和时间。对特定事件的锁时特征、高度的时间分辨率使ERP技术得以广泛应用（刘燕妮，舒华，2003）。

1.1.3.1 句子加工中的主要指标LAN /ELAN、N400和P600

N400最初是库塔斯和希利亚（Kutas & Hillyard，1980）发现的。N400主要出现在语义违反刺激词之后200～600 ms，在

400 ms左右达到峰值，主要分布在靠后脑区（Kutas & Hillyard，1980；Kutas & Federmeier，2011）。在句子理解的研究中常常采用N400作为指标，认为其反映了将一个词的意思整合到前面语言输入信息所建立的背景中的过程（杨玉芳，2015：206）。句子中的一个词之所以比较容易加工，很可能是因为它可以通过背景而有所预期，或者这个词与最近已呈现的词语语义相关。当语义背景较弱或不一致时，词汇会诱发波幅较大的N400，一致度越高，N400波幅越小。语义和语义不适合、语义类别错误、和先前知识不一致都会诱发N400效应（刘燕妮，舒华，2003；关于N400综述，参看Kutas & Federmeier，2011）。视觉加工中，N400的潜伏期较为稳定，最大波幅在右侧的中央顶叶（侯建成，刘昌，2008），而听觉通道的N400出现时间更早、持续时间更长。

LAN（Left Anterior Negativity）是在句法违反条件下发现的一种负波，潜伏期差异较大，在100～500 ms，但头皮分布比较一致，集中在左半球前部，因而将其称为左前负成分（LAN）。后来，又将潜伏期较早的LAN（150～200 ms）称为ELAN（Early Left Anterior Negativity），主要反映对词类（名词、动词）的加工，体现了最初的句法结构分析。布朗（Brown，1980）以听觉呈现动名歧义词，结果发现在歧义词出现150 ms左右在左半球靠前区域出现了ELAN，且名词的波幅比动词的大。弗里德里希（Friederici）等（1993）以听觉呈现词类违反的句子，发现违反词出现180 ms后也出现了ELAN。弗里德里希（2002）认为ELAN与词类违反有关，是句子理解第一阶段句法加工的标志成分。

LAN成分则多反映形态句法的加工，出现在关键词后300～500 ms。

名词数的不一致（Friederici & Kotz，2003）、动词和代词错误（Coulson get al.，1998）、动词时态不一致和动词亚类违反（Osterhout, et al.，1997）等条件下也诱发了LAN。一般认为，词类违反引发了ELAN，而句法形态（单复数、时态）的违反引发了LAN（杨玉芳，2015）。

P600，又叫作句法正漂移（Syntactic Positive Shift，SPS）主要出现在关键词之后500～800 ms，其头皮分布主要集中于中央顶区（Osterhout & Holcomb，1992；刘燕妮，舒华，2003）。P600与句法加工有关，短语结构、句子成分位置、动词时态、单复数一致、性别一致等违反以及句法类别歧义都会诱发P600效应（刘燕妮，舒华，2003；杨玉芳，2015：196-197）。而且，在对没有句法错误但是句法结构比较复杂的句子进行加工时，也发现了P600效应（Osterhout，Holcomb & Swinney，1994）。

近年来研究中又发现了语义P600效应，即由某些句法上完全正确，但题元角色出现错配（通常是施事和客体角色反转）的句子所激发的一种P600效应（周长银，2017）。库珀伯格（Kuperberg）等（2003）首先发现了语义P600，被试在加工“Every morning at breakfast the eegs would <u>eat</u>.”时eat后出现了P600效应。

对语义P600的解释，学界出现了“单线论”和“多线论”两种加工模式，并就语义是否独立于句法加工及P600成分的功能展开讨论（周长银，2017）。多线论基于语义组合独立于句法加工的思路对语义P600的功能进行解释，相应的解释主要有语义错觉论、语义吸引说（Semantic Attraction Account）、监控说（Monitoring Theory）、非句法中心动态模型（Non-syntacticocentric Dynamic Account）和扩展的论元依赖模型等（周长银，2017）。以上各种不同的观点在坚持P600对应于句法，N400对应于语义的基础上对句法和语义的交互过程进行不同的解释。坚持句法独立性的单线论研究者则通过重新考虑N400和P600两种成分的功能对语义P600进行解释。检索-整合模型（Brouwer et al.，2012）认为N400反映了从长时记忆中提取词的语义特征的难易程度，P600则反映了跟意义而不是句法有关的过程。矢野和坂本（Yano & Sakamoto，2016）认为单线论和多线论的区别在于，单线论认为形态句法加工在语义加工之前就完成，而多线论认为语义合理性计算的语义加工独立于句法加工，由于LAN本身反映了自动地形态句法加工的困难，因此可以用LAN效应检测形态句法正确而语义异常的句子中，形态句法加工的困难是否源于句子中不合理的论元角色。结果发现，形态句法正确而语义异常（论元角色不合理）的句子也诱发了LAN-P600效应，表明句子理解过程中形态句法和语义加工至少是部分平行的，其交互作用的时间在动词后大约400 ms，为多线论提供了支持。

1.1.3.2 句子理解加工中的句法语义整合

LAN/ELAN、N400和P600等与语言加工相关的ERP成分为探索语言加工中句法和语义信息整合的时间进程提供了相应的指标。如前所述，当前语言加工理论中关于句法信息和语义信息的交互过程大致存在两种不同的观点。其中单线论观点的代表加工模型为弗里德里希（2002）提出的三阶段神经认知模型。

第一阶段主要是在词类信息的基础上进行句法建构，主要标志是ELAN成分的出现；第二个阶段是并行的形态句法信息和词汇语义加工，主要标志是LAN和N400。当两者发生冲突时，进入第三阶段，即句法和语义信息的交互作用，主要标志是P600成分。早期句法加工的独立性得到众多研究的支持（Hahne & Friederici，2002；

Pulvermüller & Assadollahi，2007），一些汉语的研究也支持早期的句法独立阶段。叶铮等（2006）使用听觉呈现的“把”字句，发现在句子加工的早期阶段句法和语义互相独立。王小艳等（2013）以视觉呈现“把”字句，在句法违反和双违反的条件下都发现了ELAN，支持了句法独立。但也有研究使用汉语“把”字句为材料，发现在词类和语义双违反的条件没有诱发ELAN，而是诱发了N400，说明句法违反并没有阻碍词汇语义的整合（Yu & Zhang，2008）。张亚旭、喻婧和博兰德（2010）又以汉语中的主谓谓语句（其结构形式为“Obj-Sub-V”）为材料在双违反范式下也没有发现ELAN。因此，在汉语中句法的早期加工是否具有独立性仍需进一步探讨。

多线论加工的代表模型之一为MUC（Memory、Unification、Control）模型。哈古尔特（Hagoort，2003，2005，2013）认为句法加工并不优先于语义加工，语言理解过程中句法、语义和音系整合同时发生，并在一定程度上产生交互。句子加工包括3个部分：记忆、整合和控制。句法框架信息储存在记忆中，基于所输入的词语而被提取出来。句法框架及其所联系的词语通过动态连接而整合成为跨越整个语句的结构表征，其中左后额叶皮层与句法框架的动态连接有关，而左上颞叶皮层与句法框架的提取有关（Hagoort，2003）。

采用ERP技术研究语言理解加工的时间进程，已经取得了丰硕的成果，尽管对于P600的含义仍有争议，但大多数学者还是将ELAN作为早期句法加工的代表，N400作为语义加工的指标，而P600更多代表了一种整合加工。这也为进一步探索句子理解加工过程中，词项的句法和语义信息整合的时间进程提供了研究基础。构式义作为结构的整体意义，不同于词项本身的意义，构式义在何时以何种方式影响句子的理解加工，需要进一步研究。加之，汉语作为一种形态不发达的语言，其句法主要依赖语序和虚词，且很多汉语虚词由实词虚化而来，汉字又具有一定的表意特征，因此汉语句子的视觉理解加工可能会存在不同于印欧语的特点，对汉语构式句理解加工的研究也将对探究普遍的句子理解过程起到促进作用。

1.2 构式及构式压制的实证研究

语言学理论的确立，一方面需要深厚的理论基础，强大的解释力，能够对更多的语言现象进行合理的解释，另一方面也需要心理语言学的支持，通过实验手段为理论的解释性及其确立提供心理现实性。随着构式理论的发展，对构式及构式压制理论的实验研究越来越多，与理论研究互相结合、相互印证。

1.2.1 构式的实证研究

构式语法是在对生成语法理论继承和批判的基础上发展起来的。生成语法理论认为动词是句子的核心，动词及其题元结构决定了整个句子的意义（刘润清，2002：245）。与生成语法理论不同，构式语法认为结构式本身也带有意义，句子的意义不仅仅来源于动词，而且来源于动词所在的结构。需要强调的是构式语法理论并不反对动词带有意义，或者动词本身具有题元结构的观点，句子的意义是动词意义和结构式意义互动的结果（Hoffmann & Trousdale，2013：3）。有关构式的实证研究大致可以分为两大类，早期的实证研究主要集中于证明构式义的存在。在构式的心理现实性得以确认之后，后期的实证研究则主要探讨构式加工的影响因素和过程。

本奇尼和戈德伯格（Bencini & Goldberg，2000）采用了希利和米勒（Healy & Miller，1970）的句子分类任务来证明论元结构构式对决定句子的意义起作用。被试会看到由4个动词（throw、take、get、slice）构成的4种不同的论元结构构式（及物、双及物、致使-移动、动结）的句子，共16个，然后被要求按照句子的整体意义对句子分类。在第一个实验中17名被试同时对句子分类，有明确的指导语告诉被试同样的词语可能会有不同的意义，并以“kick the bucket”的意义更接近“die”而不是“kick the dog”为例进行说明。结果显示17名被试中有7人（41%）完全按照构式来分类、没有一人完全按照动词来分类。实验二则要求17名被试单独进行分类，指导语与实验一相同，但不再提供具体的示例。结果7人完全按照动词分类，6人完全按照构式分类，4人则是混合分类。该研究证明了构式具有心理现实性，至少和动词一样，也能够预测句子的意义。

卡沙克和格伦伯格（Kaschak & Glenberg，2000）采用名转动词（denominal verb）为实验材料，通过两个任务证明不同句法框架带有构式义，且构式义不源于出现在该句法框架中的词汇项目，尤其是动词。首先是句子选择任务，实验材料为20个名转动词构成的20对句子（双宾句、及物句），每对句子之后有一个推论句，其句义或符合双宾句，或符合及物句。

名转动词句：

（6）Lyn crutched Tom her apple so he wouldn’t starve.（双宾）

林恩用拐棍将她的苹果（给了）汤姆，所以他不会饿了。

（7）Lyn crutched her apple so Tom wouldn’t starve.（及物）

林恩用拐棍（动了）她的苹果，所以汤姆不会饿了。

推论句：

（8）Tom got the apple.（符合双宾）

汤姆得到了苹果。

（9）Lyn acted on the apple.（符合及物）

林恩作用于苹果。

被试要求根据推论句来推断两个名转动词句中的哪一个能够蕴涵推断句的句义，结果80.19%的被试认为双宾句蕴涵“got”句义。第二个是意义选择任务。实验者为每一个名转动词句编制两个动词的定义，一个为“使用X来转移”（符合双宾），另一个为“使用X”（符合及物），要求被试判断哪一个定义符合句子中动词的意义，结果在阅读完双宾句之后，61.23%的被试选择用“转移”义来定义句中的动词。两个任务的结果都支持构式语法关于构式是形式和意义的配对的观点。名转动词的意义及意义的改变都依赖于所在句子的框架，从而证明构式具有独立于动词的意义。

戈德沃特和马克曼（Goldwater & Markman，2006）用名转动词重复了莫纳和凯尼格（Mauner & Koenig，2000）的实验，改为使用由名转动词构成的中动构式（the middle construction）①句和被动构式句为实验材料，如：

（10）The Russian potatoes were vodkaed easily to spike the punch at the frat party.

俄罗斯马铃薯很容易被用来酿制伏特加，并用于在兄弟会派对上调制饮料。

① 中动结构是受事（patient）充当主语，再加上一个副词的简单不及物句，如：The bread sliced easily. The ice melted quickly.

（11）*The Russian potatoes had vodkaed easily to spike the punch at the frat party.

*俄罗斯马铃薯曾经轻松地酿成伏特加，并用于在兄弟会派对上调制饮料。

要求被试对句子的后半部分进行语义可接受性判断，结果发现被试对被动结构的可接受度要高于中动结构。由于名转动词是名词首次被作为动词来使用，因此该实验排除了动词的作用，从而说明构式也可以为事件提供框架，证明了构式义的存在。这些实验通过句子分类或判断任务证明了构式义的存在，表明构式的存在具有心理现实性。

在此基础上，研究者希望能够进一步了解构式义的加工过程。构式义的加工是自动的还是有意识的？构式义的加工和一般的语义加工有何区别？受到哪些因素的影响？是否与特定的脑区关联？这些问题吸引着研究者采用多种技术进行更深入的研究。

约翰逊和戈德伯格（Johnson & Goldberg，2013）采用启动范式研究构式义的获得是否为自动加工。启动材料为假词句（jabberwocky sentences），由于没有任何有意义的开放性词类，启动句所构成的仅仅是抽象的构式框架。目标词分为三类：在该构式中出现的高频动词、低频动词，以及不在构式中出现但词义与该构式义一致的动词。实验任务是真假词判断，启动句和目标词的间隔为300 ms。实验结果显示，无论是高频、低频，还是语义一致的词语，相比于意义不一致的词语，抽象的构式框架对意义一致的词语都产生了显著的启动效应，表明构式义不仅存在，而且是自动通达的。

该研究确实能够证明构式义的存在，但用以证明其加工的自动化，似乎证据不足。因为以往的启动研究表明，当启动词和目标词之间间隔时间等于或小于200 ms时，语义启动才代表了一种自动加工过程（Neely，1991）。因为发展策略加工需要一定的时间，启动词和目标词之间的短暂间隔可以确保启动效应的产生仅仅源于自动加工，而该实验中启动词和目标词之间的间隔为300 ms。同时该实验所采用的真假词的词汇判断任务可能未必能够确保意义的通达。语义启动研究中常用的实验任务包括词汇判断、命名，以及语义范畴判断。其假设前提是，这些任务能够保证语言使用者通达词汇的概念信息，即如果被试不能通达到词的意义就不能完成这一任务（比如，不能读出一个词或者不能判断一个字符串是不是真词）。在真假词的判断任务中更多依靠的是正字法意识，而非词本身的意义。有证据显示，语义范畴判断任务要求必须通达语义信息而词汇判断任务则未必（Balota & Chumbley，1984）。因此，约翰逊、戈德伯格的这一实验确实能够证明构式义的存在，但如果用来支持构式义的自动通达则略显不足。

叶铮和周晓林（2007）采用ERP技术，以“把”字句为实验材料，对比动词违反“把”字句的构式义（处置义）和违反论元语义时所诱发的N400，结果发现，前者诱发了一个更靠后的N400成分，而后者诱发的N400分布更广，波幅更大。这一结果表明，动词和句子中其他词项的整合不仅受到已有词项语义的影响，而且也受到动词所在结构的意义（即构式义）的影响。该研究为构式义的存在提供了在线加工的证据。

艾伦（Allen）等（2012）的研究首次将fMRI（功能核磁共振成像）技术应用于构式加工。实验以双宾构式句和与格构式句为材料，通过多体素模式分析（Multi-voxel pattern analysis，MVPA）和兴趣区（Region-of-interest，ROI）分析，发现两类构式的加工在

BA47（语义加工相关的脑区）有显著差别，从而证明两种构式不仅在句法上，而且在意义上不同，为构式加工的研究提供了神经生理基础方面的解释。

罗默、奥唐纳和埃利斯（Römer，O'Donnell & Ellis，2014）采用自由联想任务考察了英语母语者的动词论元构式（Verb-Argument Construction, VAC）表征。结果发现，动词在VAC中的频率、VAC-动词的关联性，以及动词的典型性等知识对母语者而言是独立的隐性知识。由此推测构式加工涉及多方面的因素，包括动词的型频（type frequency）和例频（token frequency）等。在此基础上，埃利斯（Ellis，2016）采用识别和命名任务继续考察上述因素对VAC加工的影响。实验一采用快速掩蔽视觉呈现范式，结果发现识别时间受到动词总频率、动词在VAC中的频率和VAC-动词的关联性的影响。实验二则发现被试对构式中介词的命名时间受到动词在VAC中的频率的影响。这些研究表明，构式的加工受到多种因素的影响，是句法、词汇和语义的交界面。

总体来看，已有的实证研究大致可以分为两类，第一类研究的主要目标是为了证明构式义的存在，为构式理论提供心理现实性的解释和支持。早期多采用行为实验的研究方法，结果表明在句子的理解过程中，构式义至少和动词一样，都起作用。后期开始采用神经电生理技术，为构式义的存在提供在线加工的证据，ERP实验表明，构式义的违反会诱发不同于论元语义违反的N400成分，而fMRI实验则证明了两种不同构式的加工在脑分区上的差异，为构式义的存在提供了生理基础方面的证据。第二类研究的主要目标是探讨影响构式加工的因素。结果显示，构式作为句法、词汇和语义的界面，其表征与加工受到动词型频、例频、典型性等因素的影响。已有研究表明构式具有心理现实性，同时构式的表征和加工受到动词的影响，这为进一步探讨构式和动词之间的互动关系提供了研究基础。

1.2.2 构式压制的实证研究

随着对构式加工研究的深入，必然会涉及构式和动词的互动关系，因此有关构式压制的研究也逐渐增多。

特拉克斯勒、皮克林和麦克尔里（Traxler，Pickering & McElree，2002）通过眼动实验证明，相对于无压制句，压制句的加工存在显著的困难。其研究中的实验材料分为三类。

（12）The secretary began the memo about the new office policy.

（压制句）

秘书开始了关于新办公政策的备忘录。

（13）The secretary typed the memo about the new office policy.

（优选无压制句）

秘书打字整理了关于新办公政策的备忘录。

（14）The secretary read the memo about the new office policy.

（非优选无压制句）

秘书读了关于新办公政策的备忘录。

其中无压制句根据动词后名词的可预期性，分为优选句和非优选句。

实验一发现在关键位置——动词后的限定词和名词位置上，压制句的第一次回视时间和总时间显著区别于优选无压制条件，边缘显著于非优选无压制条件，说明相比于无压制句，压制句的加工更困难。但压制句的困难也有可能来源于动词本身，即压制句中的动词，如begin的意义相比于type和read相对抽象，未能详细说明具体的意义，从而导致加工的困难。为此实验二和实验三则通过眼动和自定步速阅读，排除了动词语义抽象性造成压制句加工困难的可能性，更加确定地证明压制本身会引起加工的困难。

压制过程确实会引起加工的困难，但压制过程本身仍需更精细的描写。皮南戈（Piñango）等（2006）考察了体压制（aspectual coercion）的时间进程。实验语料分为两类。

（15）The horse slept until dawn.（无压制句）

这匹马一直睡到黄昏。

（16）The horse jumped until dawn.（体压制句）

这匹马一直跳到黄昏。

实验采用双任务干扰范式下的跨通道词汇判断任务，结果发现在体压制句被合法化之后250 ms，体压制的语义增义已经发生，但这一过程延迟于句法合法化，即在句子被句法合法化的同时并未侦测到语义的加工。这一实验表明语义整合过程与句法加工的分离，并且延迟于句法加工。

杰肯道夫（Jackendoff）等（2010）用ERP技术探讨了压制加工过程的时间进程。实验材料包括三类句子。

（17）The journalist wrote the article before his coffee break.（无压制句）

记者在茶歇之前写了那篇文章。

（18）The journalist began the article before his coffee break.（压制句）

记者在茶歇之前开始了那篇文章。

（19）*The journalist astonished the article before his coffee break.

（生命违反句）

记者在茶歇之前惊讶了那篇文章。

杰肯道夫等（2010）将压制句分为两类：名词优选压制句和名词非优选压制句。请30名大学生母语者对压制句填空，如：The journalist began ____ the article before his coffee break. 要求被试在空白处填写一个或两个词用以描述他们认为的最可能适合该句的行为。相同解释≥80%的句子列为优选压制句，而≤70%的压制句列为非优选压制句。实验任务是请被试对句子是否有意义进行判断。

实验结果主要有三点。

1）相比于无压制句，名词短语之后，压制句和生命违反句中都诱发了更大的N400，但是压制句和生命违反句之间没有显著差异。这一结果证明了压制句的加工需要更多的努力，并且这种加工困难源于压制句中（要求带事件名词的）动词和其后的实体名词语义上的失匹配，这种失匹配与动-名语义生命性的违反一样都会带来语义整合上的困难。

2）相比于压制句和无压制句，生命违反句诱发了更大的P600成分，且有轻微的左侧化分布，而压制句和无压制句之间的P600成分没有显著差异。这表明虽然压制句和生命性违反中的语义失匹配都会带来加工难度的增加，但结果不同。压制句中的语义失匹配可以通过调取语义记忆中的额外信息来弥补，从而形成正确的语义解释。而生命性违反带来的失匹配，尽管付出了相同的努力，依然无法形成正确的语义解释，因此才诱发了P600成分。

3）就压制句内部而言，名词短语之后，优选压制句和非优先压制句之间的N400没有显著差异。这表明压制加工所带来的加工困难与压制句本身的歧义程度无关，因此压制加工不同于歧义加工。

以往研究多以体压制为研究对象探讨压制过程，确立了压制加工的独立地位（区别于歧义）。但是这些研究：其一，多集中于某一种压制现象——词项对词项的压制（如begin+实体名词），关于构式对词项压制的实证研究则相对较少（徐维华，2016）；其二，多以英语为研究对象，汉语尤其是汉语作为第二外语的构式压制加工更少；其三，研究多将压制句与无压制句、生命性违反句对比，三个条件之间的差别为无压制—压制—生命性违反。从研究逻辑上看，压制成功的对立面应该是压制失败。压制失败就意味着首先要有压制，只是压制没有成功，从而造成语义整合的失败，而生命违反句语义整合的失败与压制无关。

基于上述研究基础，本书将探讨母语者和二语者在汉语构式压制句加工过程中动词和构式的互动关系，并将条件之间的差异限定为无需压制—成功压制—压制失败（违反构式义从而导致的压制失败），将问题集中于构式义与动词的互动，有关本书的具体内容将在第2章研究问题的整体设计中详述。

1.3 汉语双宾构式相关研究

在本部分，首先对汉语双宾结构意义研究的相关成果进行简单梳理。由于英汉两种语言中都存在双宾结构，本书也将考察母语为英语的汉语学习者对汉语双宾构式压制句的加工，鉴于母语背景对二语加工的重要影响，本部分也将简单对比英汉双宾构式的异同。最后则是二语习得和语言加工领域中有关双宾构式研究成果的综述与分析。

1.3.1 汉语双宾结构义研究

黎锦熙（1924/1992：35-36）早在《新著国语文法》中就提出了“双宾语”。

> 有一种外动词，表示人与人之间（或人格化的事物之间）交接一种事物的，如“送”“寄”“赠”“给”“赏”“教授”“吩咐”等，常带两个名词做宾语，叫作“双宾语”。这种带双宾语的句子里边，就有两个在宾位的名词。这两个宾位中，属于被交接之事物的叫“正宾位”（即正式的宾语）；属于接受事物之人的叫“次宾位”（属副性宾语）；次宾位常在前，而正宾位常在后。例如：我送张先生一本书。

并将双宾语的句子分成五式：

（20）阳货送孔夫子一盘肘子。

（21）阳货把一盘肘子送孔夫子。

（22）阳货送一盘肘子给孔夫子。

（23）阳货送给孔夫子一盘肘子。

（24）阳货把一盘肘子送给孔夫子。

这五式中，（20）和（23）可以用Ns+V（给）+NP_1+NP_2结构来概括。因为黎锦熙认为（24）中的“送给”是“同义并行或两动相属的复合动词”。

对于Ns+V+NP_1+NP_2结构意义的研究成果颇丰，最初以动词为中心，后来因为注意到了宾语对动词的选择作用，从而发展到从整体结构出发研究结构式的意义。

第一阶段　以动词为中心研究结构式的意义。

黎锦熙（1986：15-16）在《比较文法》中将能够带两个宾语、表示交接事物的外动词[①]分为2类：

1）“授予”义：如送、寄、给、赏（反面为夺和罚）等；

2）“教示”义：如教、告、示（反面为问）等。

马庆株（1983：166）将“两个宾语都是体词性成分的双宾语构造VN_1N_2”分为12类，有些是按照动词来分类，有些则根据宾语来分类：1）给予类；2）取得类；3）准予取类；4）表称类；5）结果类；6）原因类、时机类和交换类；7）使动类；8）处所类；9）度量类；10）动量类；11）时量类；12）包含虚指宾语的双宾语构造。

李临定（1986：56；2011：73）按照动词的情况将“双名受句型”分为11种：1）“给”型；2）“送”型；3）“拿”型；4）“吐”“吓”型；5）“问”型；6）“托”型；7）“叫”型；8）“欠”“瞒”“隔”“限”型；9）“动+给”型；10）“动介”型；11）“惯用语”型。

范晓等（1998：51-53；2009：74）认为能带双宾语的主要是“交接动词”，并根据“宾2”转移的方向，把交接动词分为3类，相应地，双宾句也被分为3类：1）“交”类动词，动词动作的方向是外向的，都带有“给予”义；2）“接”类动词，动词动作的方向是内向的，都含有“得到”义；3）“借”类动词，又叫“兼向动词”。

以上研究主要关注动词的分类，认为动词的意义是决定结构式意义的最主要因素。如黎锦熙、李临定和范晓都是从动词出发将结构式或分为2类，或分为12类，或分为3类，并以动词意义概括结构

---

① 黎锦熙（1924/1992）认为，外动词即动作影响和外及他物。

式的意义。所不同的是李临定和范晓明确提出所概括的是句型的意义，更加注重结构的整体，而作为“双宾语”的提出者，黎锦熙仅仅是对表示“交接事物”的动词进行分类。马庆株（1983：194）的研究则已经开始注意到宾语对动词的限制作用，因此其分类有些按照动词分类，有些则根据宾语分类，看似没有以上三位研究者的分类标准更严格，实则更能反映实际的语言现象。马庆株注意到“述语动词与宾语处在相互制约的关系之中，因为述语动词（或形容词）类别不同，便赋予O1这个语法位置以各种不同的语法意义”。同时，马庆株还注意到了格式对动词的限制作用，指出“动词的意义有时要靠格式来限定。如‘扔’等动词本来没有给予意义，双宾语格式临时赋予它以给予意义”。这一点与构式语法的理念是一致的。

从动词出发，必然从动词的分类入手，通过概括动词的语义特征实现对结构式的分类和结构式意义的概括。这一阶段的研究对动词的分类、结构特征的描写和结构意义的概括非常充分和细致，但也失于烦琐和细碎。正如张伯江（1999）指出，“双宾语式除了‘VNN’这个词序特点之外，几乎是个毫无内在联系的类别了”，“在这样的范围内，似乎也无法看出能够进入这一格式的动词有什么可以概括的特点”。

第二阶段　从整体结构出发研究结构式的意义。

朱德熙（1979）将与“给”有关的句式分为4类，并根据能否进入这4类句式将动词分为3类：给予类、取得类和制作类，而且对于“给予”等语义成分进行了详细的描述。认为“给予”可以描述为：“1）存在着‘与者’（A）和‘受者’（B）双方；2）存在着与者所与亦即受者所受的事物（C）；3）A主动地使C由A转移至B。”

虽然概括的是动词的意义，但实则体现了句式的意义。

石毓智（2004）认为“双宾句式必然涉及两个参与者、一个客体和引起客体移动的动作”，以客体的移动方向为标准对汉语双宾结构做出概括，根据动作导致客体移动的方向，把动词分为3类：右向动词、左向动词和左右向动词，认为这3类句式之间无主次先后之分，反映汉民族对物体传递动作概念化的过程。

朱德熙和石毓智的研究虽然也是对动词进行分类，但其出发点是句式，而非单纯的动词分类，如朱德熙的分类标准是能否进入某一句式。更重要的是两位研究者都明确概括了句式的整体意义，其中不仅涉及动词的意义，而且注意到动词和宾语之间的关系。但对句式之间的关系以上研究涉及不多。

第三阶段　构式理论影响下的结构式意义研究。

戈德伯格（1995）提出构式语法，强调结构式本身具有独立的意义，同时认为构式具有多义性。在构式语法看来，结构本身具有一定的意义，这就为某些动词进入结构而产生出动词本身没有的意义提供一个较为合理的解释，如“扔”本身并没有“给予”或“传递”的意义，但是一旦“扔”出现在$Ns+V+NP_1+NP_2$结构中，结构本身所具有的“给予”或“传递”意义就会通过“扔”来体现。以构式语法来研究$Ns+V+NP_1+NP_2$结构不仅从结构式整体出发更加关注结构式本身的独立意义，同时有助于厘清相关结构式之间的关系。戈德伯格（1995）还认为双及物构式是一个系统的密切联系的意义的集合，同一个形式对应于不同但却相互联系的意义。其中心

---

① “A+V+R+P”中A（agent）表示施事，V（verb）表示动词，R（recipient）表示接受者，P（patient）表示受事。

意义是“施事主语成功地致使一个客体转移给接受者”，然后通过隐喻扩展出各个相互联系的意义。

受构式语法理论影响，张伯江（1999）将典型双及物式的特征概括如下：在形式为“A+V+R+P①”的句式里，施事者有意地把受事转移给接受者，这个过程是发生在现场成功地完成的。其核心语义是“有意给予性转移”，而“索取”也只是“给予一种损失”。同时作者认为汉语中存在若干不同类型的双及物式，构成一个放射性的范畴，不同方向的引申式有不同的语义和句法表现。如图1-5。

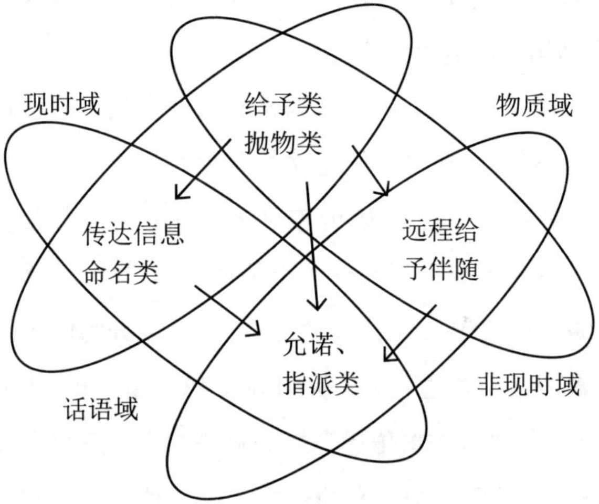

图1-5　汉语双及物构式义①

张国宪（2001）在分析历时文献和共时方言的基础上认为“动词+间接宾语+直接宾语”构造的原始句式语义是“强制的索取性转移”。现代汉语双宾句式所表示的“有意的给予性转移”

① 张伯江，1999. 现代汉语的双及物结构式[J]. 中国语文(3): 175-184.

主要是因为给予义动词进入了该句式。正是因为“给予”和“索取”具有共同的上位语义基础，才使得它们拥有共同的结构形式，因此张国宪将双宾句式的语义概括为施动者有意识地使事物的所有权发生转移。

张建（2007）认为汉语双宾句可以分为两大类：广义的给予类和广义的索取类。他将典型性分为句式之间的典型性和句式内部的典型性，比如广义的给予类双宾句内部的狭义给予类、告使类、放置类之间的典型性差异就属于前者，而在表称类和告使类双宾句内部也存在典型性的差异，这就属于后者。最典型的双宾句，是给予类双宾句中谓语动词为“给”的双宾句。

王寅（2011：21）认为双宾构式的原型意义为“传递”，其中包括“正传递/获取”和“负传递/失去”两种意义。

林艳（2013：185）认为双宾构式的表达式为“NP_1+V+NP_2+NP_3”，其意义具有层级性，上位语法意义为“NP_3所指的事物通过行为V在NP_1和NP_2之间传递”，它又可以分为两个下位意义，即“NP_3所指的事物通过行为V从NP_1向NP_2传递”和“NP_3所指的事物通过行为V从NP_2向NP_1传递”，且两者之间没有主次之分。

以上研究或采用结构主义的分析方法，或基于认知构式语法的理论，除此之外，还有一些学者基于生成语法理论对汉语双宾结构进行了全面的描写和深入的研究。

这些研究主要关注的焦点之一是双宾结构和与格结构的关系问题（张国华，2011：15），大致可以分为3种观点：1）双宾结构从与格结构转换而来（Larson，1988）；2）与格结构从双宾结构转换而来（Aoun & Li，1989）；3）两种结构无转换关系（Kayne，1981）。就汉语双宾结构的意义而言，如果认为双宾结构和与格结构之间有转换关系，则两个结构的语义是相同的；如果认为两个结构之间没有转换关系，各自代表不同的结构，则双宾结构和与格结构表达各自不同的意义：双宾结构表达的基本语义是“主语使间宾拥有直宾”，与格结构表达的基本语义是“主语使直宾转移向间宾”。（何晓炜，2009）

顾阳（1999）和周长银（2000）将拉森（Larson）的分析应用于汉语双宾结构的研究，提出汉语双宾结构通过被动化由与格结构转化而来。邓思颖（2003：146-149）在拉森分析的基础上提出双宾结构比与格结构多一个功能性词类F，这个F在给予类的双宾结构里表示“拥有”的意义，在索取类的双宾结构中表示“失去”的意义。

熊仲儒（2004：302）从功能范畴出发，认为“给予类双宾语是由与格句派生而来的”，而给予类双宾结构的句式意义可以概括为“通过转移，有意愿的致使领有”。

张冲和拉森（2017）认为汉语中旁格论元（oblique arguments）应该被统一分析为双系式宾语（applied objects），句法上是从旁格的位置移动而来。对于汉语双宾结构的分析，张冲和拉森认为汉语双宾结构中的“给”表示“致使”和“拥有”，因为“给”不只以介词出现，还是一个轻动词。“给”占据了双重位置，分别对应两个次类关系——“致使义”和“拥有义”。

何晓炜（2008，2009）认为现有的转换分析方法将双宾语结构的基本语义定义为“致使拥有”不准确，认为双宾结构所表达的语义应当为“传递”，并将表“传递”的成分归为功能语类G, G是双宾结构特有的。在汉语双宾结构中，G可以是一个没有语音形式的空成分G+或G-，也可以是有语音表现的词素“给”或“走”。

综上，关于$Ns+V+NP_1+NP_2$结构意义研究的观点大致分为3种：

第一种以张伯江和张建为代表，认为其中心意义是有意的给予义；第二种以张国宪、王寅、林艳、张国华、何晓炜等为代表，认为其结构意义应当包括给予和索取，采用更为上位的概念“传递”来概括该结构的意义；第三种是以邓思颖、熊仲儒、张冲和拉森为代表，认为汉语双宾结构表示“致使拥有”的意义。

张国宪（2001）综合考虑了历史文献、共时方言和汉语语言事实，认为用“给予”和“索取”的上位概念来概括该结构的意义更符合汉语事实。张国华（2011：68）在前人研究的基础上，使用28个二价动词自造句，如“烤、写、搬、留、砍、割等”调查被试对特定“疑似”双宾句的判断和解读，证实了获取义双宾式具有语言和心理现实性。本书采用第二种观点，以更上位的“传递义”来概括该结构的意义。

1.3.2 英汉双宾构式比较研究

双宾结构作为英、汉语言中的一个基本结构，相关研究非常丰富。本书的理论框架是构式语法，关注双宾构式的构式义以及动词和构式之间的互动，因此仅对与此有关的相关研究进行梳理。

1.3.2.1 英汉双宾结构的构式义研究

英汉两种语言中都有这样的句子，如：

（25）He gave me a book.

（26）他给了我一本书。

两个句子的句式结构相同，进入结构的动词相同，表达的意义也相同，都表示“给予”。对此，学者们一致认为，两种语言中，表示“给予”的动词可以进入该结构，用来表示“给予”的意义。但两种语言中还有很多不同之处，如：

（27）Zhang San bought Li Si a book.（书从张三“传递到”李四）

（28）张三买了李四一本书。（书从李四“传递到”张三）

两个句子的结构相同，进入结构的动词相同，表达的意义却相反：英语表示“给予”，张三买了一本书给李四，书有一个右向的转移；汉语则表示“获取”，张三从李四那里买了一本书，“书”有一个左向的转移。

对此，部分研究者（石毓智，2004；张建理，2006；张国华，2011：71）认为，相比于英语，汉语双宾句还可以用来表示左向索取义，而英语双宾构式仅表示单一的右向给予义。但也有学者（王寅，2011：63）对此提出异议，因为英语中有些动词进入双宾句也可以表示事物的左向转移，如：

（29）The traffic policeman fined that driver $500.

（30）You owe me an apology.

尽管学者们都注意到英语中类似表示左向传递的句子，但对此现象的解释不同。徐盛桓（2001b）将其视为“表示负给予的动词”，石毓智（2004）认为这些句子中的事物仍然是右向移动的：“警察根据对方的错误行为，先确定一个罚款数额500美元，也就是说警察首先拥有了这个罚款金额，然后施加给间接宾语‘that driver’”，但类似这样的解释似乎比较牵强。王寅（2011：64）认为以往研究在讨论物体的“负传递”时，忽视了介词的作用，如果将介词考虑进来，则“英语中表示负向传递的表达不是个别现象”。但是加入介词的解释则混淆了两种不同的结构。之前讨论中的双宾构式仅限于Ns+V+NP_1+NP_2结构，而王寅所指的“双宾构式”则包括了“双名构式”（Double Noun Construction）和“与格构式”（Dative Construction）。张国华（2011：82-84）在已有英汉双宾结构历史演变研究的基础上，通过对envy、forgive的词源学考察，认为“右向给予义是现代英语双宾式的基本义，多数获取义动词进入双宾式后仍表示右向给予义，但作为历史的残留，少数获取义动词在双宾式中也能表示左向获取义”。这一结论“具有认知上的理据和共时与历时层面上的语言证据，也有来自句法学和语言获得等方面的充分论证和语感调查支持”，本书也认同这一观点。

1.3.2.2　英汉双宾构式准入动词的研究

前面已经介绍了学者们对进入汉语双宾构式动词的分类（1.3.1 汉语双宾结构义研究），在此简单介绍英语双宾构式动词的分类，并进行对比。

平克和梅勒（Pinker & Mehler，1989）提出一条广义的规则来描述动词出现在双宾句法框架中的必要条件，即该构式必须含有一个“未来领有者”（prospective possessor）和由一组狭义规则决定的充分条件，这些规则将动词划分为严格定义的语义类型。

1）内在地表示给予动作：give、pass、hand

2）造成瞬间做抛物线移动：throw、toss、slap

3）邮寄类：send、mail

4）持续造成向一个指定方向共同移动：bring、take

5）未来领有类：offer、promise

6）信息传递类：tell、show、ask

7）通信工具类：radio、e-mail、fax

8）制造类：bake、make、cook

9）获得类：get、buy、find

戈德伯格（1995）认同平克和梅勒对动词进行严格定义的语义分类，但对某些动词的类属提出了异议，并提出了自己的分类（参看1.1.1.2 动词与构式的互动）。

张国华（2011：71-72）对比分析了进入英汉双宾构式的动词在语义类型上的差异，指出英语在转移交接虚实性方面类型多样，汉语在转移交接方式和方向性方面类型多样。现将文中所举进入英汉双宾构式的动词语义类型列出，见表1-2。

表1-2　英汉双宾构式准入动词语义类型

<table>
<tr><th>序号</th><th colspan="2">英语双宾动词</th><th colspan="3">汉语双宾动词</th></tr>
<tr><td>1</td><td colspan="2">给予类动词（物质类），63个</td><td colspan="3">给予义动词（物质类），93个</td></tr>
<tr><td>2</td><td colspan="2">给予类动词（精神-言语信息类），46个</td><td colspan="3">给予类动词（精神-言语信息类），26个</td></tr>
<tr><td rowspan="2">3</td><td colspan="2">能进入双宾构式的二价动词，99个</td><td colspan="3">能进入双宾构式的二价动词（代表的动作和事件本身涉及方向性或者是动作结果所涉及的对象，其结果对对象而言可能是有益的或有害的），239个</td></tr>
<tr><td>a.表示线性运动义或者有潜在服务对象或运动指向对象，72个</td><td>b.创造义动词，27个</td><td>a.只表示右向广义给予义，104个</td><td>b.只表示左向广义索取义，71个</td><td>c.可以有“给予”“索取”两种解读，64个</td></tr>
<tr><td>4</td><td colspan="2">获取义动词，20个</td><td colspan="3">获取义动词，52个</td></tr>
<tr><td>5</td><td colspan="2"></td><td colspan="3">双向义动词，13个</td></tr>
<tr><td>6</td><td colspan="2">心理-意念义动词，10个</td><td colspan="3">感官义和身体动作类动词，7个</td></tr>
</table>

共同点：英汉语双宾构式都允许一部分给予类动词进入，包括

物质性和非物质性的，也都允许一部分二价动词进入。差异：二价动词进入之后，英语双宾构式的语义仍做广义给予理解，而汉语双宾构式的语义可以是右向、左向和歧义。如“扔/throw”进入构式后，英语做广义给予义理解而汉语有歧义。汉语允许二价动词中表示双向运动义的动词，如“借、换、租赁”等动词和表示使成义动词，如“辣、急，烦”等动词进入，英语不行。英语允许心理意念义和创造义动词进入而汉语则不行。英语允许极少数获取义动词作为历史留存进入并表示索取义。

构式和动词的互动可以分为两种情况。一种是动词意义和构式的意义完全契合，如英汉语双宾构式中出现的给予类动词（表1-2中的1类动词），此时动词的参与者角色和构式的论元角色完全一致，两者的语义可以直接熔合。另一种情况则是动词的意义和构式的意义部分契合，如英汉语双宾构式中出现第3类动词。此时从构式角度看，构式的形式会对进入其中的二价动词的配价增容，赋予二价动词参与者角色，如踢/bake，都需要构式为动词增加一个接受者角色。相比于汉语，英语双宾构式义一般凌驾于具体动词之上（张国华，2011：72），如buy进入英语双宾构式后，其意义从“买入”[①]改变为“买入并给予某人”，此即为构式的压制过程，从动词角度看构式，“构式义是由进入构式的大部分动词的词义所结合体现并支撑的。这种语义并因此形成进入该构式的准入条件，不符合该条件的动词一般进不了这一构式”。萨特尔和戈德伯格（Suttle & Goldberg，2011）称之为“部分的能产性”，并认为对于短语构式来说，部分的

① 《柯林斯英汉双解大词典》：V-T, If you buy something, you obtain it by paying money for it.

能产性和压制实际上是同一种现象的不同方面。一个构式如果可以压制新词使该新词出现在其中，则可以认为该构式在一定程度上具有部分的能产性。部分的能产性和压制的不同之处在于，如果一个词语为了能够出现在某个构式中而被另作他解时，常常使用“压制”。

1.3.3 第二语言视角的双宾构式习得研究

第二语言习得中的双宾构式研究主要集中于偏误分析，主要是对偏误类型、偏误原因的分析，方法多是通过语料库搜集中介语语料进行分析。但也有一些采用实验的方法，考察学习者的习得情况。本节将首先介绍英语双宾构式作为第二语言的习得研究，然后介绍汉语双宾构式作为第二语言的习得研究。

董燕萍和梁君英（2004）将本奇尼和戈德伯格（2000）的句子分类实验应用于二语加工研究，并加入语言水平的参数，以考察动词和论元结构在二语句子理解中的作用，结果发现，初学者更容易受到动词的影响，而中高级水平者则更依赖论元结构构式来理解句子意义。该研究不仅证明英语双宾构式义的存在，而且显示构式义需要到中高级水平才能习得。

姜琳（2009）以英语双宾结构和与格结构为材料，采用“占有”和“未占有”两种图片考察英语高水平母语者的双宾或/和与格结构的启动情况，结果发现被试描述“未占有”图片时，只存在与格结构的启动；而描述“占有”图片时，两种结构的启动都存在。这一结果表明启动过程是结构启动和语义启动共同作用的结果，离开了语义条件的单纯的句法结构启动是不存在的，对于高水平二语学习者来说存在构式表征。

有关汉语双宾结构的习得研究也很多。有些考察特定母语学习者在汉语双宾结构习得过程中的表现及其影响因素，结果都发现母语背景对汉语双宾或/和与格结构的理解和习得有重要影响。

冯丽萍和盛双霞（2004）以三个不同年级法国大学生的作文为语料，穷尽性地统计了其中三价动词形成的句型结构，结果发现双宾结构（文中称为结构单纯的基本句，其结构形式为施事+动核+与事+受事/补事）的习得早于介宾结构，较难习得的动词主要是汉语中特有的双向给予义动词、取得义动词，以及内部语义相似但句法结构不同的言说义动词，并且这种困难一直持续到高年级。

冯丽萍和许馨艺（2013）通过实验方法考察英语母语者习得汉语双宾结构过程中，动词的语义类型、两种语言的对应关系，以及动词典型性的作用，并对汉语予夺不明双宾句的理解倾向进行了探究。结果发现，相比于英、汉语言的对应关系及动词的语义类型因素，双宾动词语义典型性对二语者汉语双宾结构的习得影响更大，而学习者的母语背景对汉语双宾歧义句的理解倾向有重要影响。

常辉（2014）基于语料库的方法，考察母语为英语和法语的学习者对汉语双宾及其转换结构的习得情况。根据英汉语中双宾和与格结构之间的关系，将汉语的双及物动词分为4类，并按照动词查找中介语语料库中相应的用例。结果发现，学习者习得的难点不在句法层面，而主要在词汇层面，表现为没有掌握某些汉语双及物动词，没有将它们用于双宾或与格句中。常辉认为其主要原因在于三种语言中双及物动词频率和用法的不同。

陈凡凡（2010）以普通话、广东话和英语中的双宾句为材料，通过三项实验任务检验香港儿童的母语（广东话）对二语（普通话和英语），以及二语之间的影响并查找原因。结果表明，母语对两种二语有干扰作用，但比较小，而语言的自然度、语言的标记度和语言距离有较大影响。

另有一些研究则基于中介语语料库，通过偏误分析探讨汉语双宾构式的习得情况。

李昱（2015）以汉语中介语中的双宾语动词和双宾语论元习得为例，在语言类型学对双及物构式研究的基础上，探讨了语言共性和个性在第二语言习得中的具体表现。研究发现，语言共性和个性在汉语学习者的中介语中都得到了不同程度的体现，不同母语背景的汉语中介语都反映了原形动词高频率、低偏误，以及论元的生命度属性等跨语言共性，而“取得”类动词在一些语言中的缺乏导致汉语中介语中该类动词的低频率和高偏误。

李苏苏（2016）通过对比汉语学习者双宾句的输入和输出情况，发现汉语双宾句的输出数量远远超过《大纲》①，使用的类型也更加丰富，说明中级阶段的汉语学习者已经有了使用双宾语的意识，但错误率比较高，并对错误类型和原因进行了分析。

武新云（2016）采用构式语法理念对双宾构式的习得情况进行考察，选取典型双宾动词，通过中介语语料库，检索中介语用例6 803条，其中正确用例5 688条，偏误率为16.4%。二语者双宾构式偏误的主要类型是双宾构式和其他构式——主要是兼语构式、介宾与格构式、“介宾+动词”构式的混用，以及双宾动词的误用。

除了从偏误分析的角度外，还有从认知的角度探讨汉语双宾句作为二语的加工。仍然采用本奇尼和戈德伯格（2000）的句子分类

---

①《大纲》包括《汉语水平等级标准与语法等级大纲》《高等学校外国留学生汉语言专业教学大纲》和《对外汉语教学初级阶段教学大纲》。

范式，郝暾（2018）以汉语句子为实验材料，包括4种构式——及物构式、使移构式、双及物构式和动结构式与4个动词——交、放、送和给，构成16个句子，被试为母语者和二语者。结果发现母语者在句子理解中更加显著依赖构式，将此结果与之前的研究相比，相比于英语，发现构式在汉语句子理解中更重要。实验结果支持了构式论的句子理解模型，为构式语法的跨语言适用性和心理现实性提供了依据。

通过对以往研究的回顾可见，当前双宾构式作为第二语言的习得研究有两个重点。第一是探讨双宾句及其相关句式的习得顺序，已有研究表明，双宾句结构本身的习得并非难点，在初级阶段就已经出现而且正确率较高，但二语者对能进入该结构的动词的掌握表现出一定的困难，体现在双宾动词的误用上，尤其是动词语义相同但是句法形式不同的，更容易出现偏误。第二是双宾构式作为二语习得影响因素的探究，总结来看，主要有两大影响因素：一是第二语言学习者的母语背景，即学习者母语中的双宾句式和汉语双宾句式的相似度，因为第二语言学习者都表现出索取类双宾句的习得困难；二是动词的典型性，它与动词的频率正相关，因为频率越高、典型性越高的动词越容易习得。

从二语习得过程中构式与动词的关系来看，已有研究多采用句子分类的研究方法（董燕萍，梁君英，2004；郝暾，2018），研究结果显示，二语习得过程中动词和构式的关系受到二语者二语水平的影响，中高级水平的二语者在句子理解过程中更倾向于依赖构式，但即使高级水平的二语者其对构式的依赖程度依然不如母语者。这些研究成果为本书进一步探讨二语者在理解加工汉语双宾构式句过程中动词和构式义的互动关系提供了基础。

1.3.4 双宾构式的加工研究

双宾构式作为英、汉语中的基本结构之一，不仅在理论研究、习得研究中受到关注，在语言加工领域中也备受青睐，尤其是结构启动研究中。结构启动的一个普遍原则是，所要表达的内容有两个可供选择的句法结构。而英语、汉语中的双及物结构都包括了双宾结构和介宾结构两种形式，二者都可以用于相似的情境，表达“给予”的意义。博克（Bock，1989）用结构启动范式对双宾结构和介宾结构的产出进行研究，结果显示，相比于双宾结构启动，介宾结构启动时被试产出了更多的介宾结构句（介宾启动时产出介宾句400个，双宾启动时产出介宾句200个）。同样，相比于介宾结构启动，在双宾结构启动时被试产出了更多的双宾结构句（双宾启动时产出双宾句563个，介宾启动时产出双宾句400个）。实验结果证明了结构启动的存在。很多学者（Bock，1986，1989； Bock & Loebell，1990；Bock et al.，1992；Pickering & Branigan，1998）认为语言产出中的结构启动与语义启动无关，可以由单纯的结构产生启动效应，结构启动效应的产生与功能词（如to）无关，与韵律相似无关（Bock，1989），与语义角色无关（Bock & Loebell，1990），也与动词的时、体、数无关（Pickering & Branigan，1998）。

但如果按照构式的观点来看，每一个结构式都有与之相配的结构义，结构式不同则结构义不同。以双宾结构与介宾结构为例，两者结构不同，所表达的构式义也不相同。因而，在句法产出任务的启动研究中，常用的所谓“意义相同但有不同结构形式”的双宾句和介宾句其实在意义上也有差别。姜琳（2009）通过图片描述任务考察中国英语学习者的双宾结构和介词与格结构的启动，将图片分为表示“占有”的图片（对应于双宾结构）和“未占有”的图片

（对应于介词与格结构），结果发现，在使用“未占有”图片时，只有介宾与格结构的启动效应；而使用“占有”图片时，双宾结构和介宾与格结构的启动效应都存在。姜琳认为“未占有”图片双宾结构启动效应失败的原因在于“语义启动对结构启动的影响”，对双宾启动句的加工不仅激活了双宾结构，而且激活了“占有”语义，当该语义与图片不符时，抑制了启动效应，因此在双宾结构启动时也存在双宾结构义的启动。

于亮等（2017）的一项ERP研究，采用不同类型的双宾句（给予义、索取义、二价动词句）及主谓句为实验材料，通过句子正误判断任务，考察四类句子理解加工的异同，探讨构式和动词在汉语句子加工中的作用。实验考察了两个关键位置——动词后和句末NP_2后。结果发现，两个关键位置之后，二价动词双宾句的N400和LPC波幅都显著大于其他三类句子。于亮等认为双宾句中的二价动词显著区别于主谓句中的二价动词，“两类二价动词具有不同的属性”“双宾句中的二价动词包含的词汇信息较多，论元结构相对复杂，语义结构较为丰富，具有两种潜在的论元结构”，因此可以出现在主谓句和双宾句中。同样，对于句末LPC的解释是“正是因为二价动词构成的双宾句中的动词具有两种可能的论元结构，所以人们在通达过程中要经过一个不断选择、核查的过程”，从而导致加工难度增加。因此于亮等认为相比构式，动词因素在句子加工中起着主导作用。

考察该实验的研究过程，发现于亮等对语料的选择相当仔细，从语料库、词典和有关学者研究中的例句中挑选适合的语言材料，并请母语者对语料进行了可接受度测查。但是除了句子的可接受性之外，还有其他的因素也可能影响到句子的加工，如句中动词和两个宾语的词频、笔画数，但文中未见有这些因素是否匹配的介绍。汉语加工中，无论是单字识别还是句子阅读（包括朗读和默读）里都存在词频和笔画数效应（彭聃龄，王春茂，1997；张慢慢等，2017），因此这可能是导致双宾句中二价动词的ERP波幅不同于其他句子的原因之一。此外，如果因为二价动词既能出现在双宾句中，又能出现在主谓句中，因此“具有两种潜在的结构论元”，那么很多三价动词也应如此，如“同时还都送了一束鲜花（CLL语料库）”，那么这些三价动词是否也是“具有两种潜在的结构论元”呢？可见，关于汉语双宾句中动词和构式因素的作用，仍有进一步探讨的空间。

综上，构式理论和句子加工理论为本书提供了坚实的理论基础和明确的与语言加工有关的ERP指标，为进一步探讨汉语双宾构式句的理解加工过程提供了保障。以往构式压制的实证研究确证了构式压制现象的存在，对构式压制句的加工确有显著的加工困难，而对构式压制时间过程的探讨则集中于词项对词项的压制，较少涉及构式压制句，尤其是二语者对构式压制句的理解加工过程。构式压制作为构式理论的重要组成部分，探讨汉语双宾构式义与构式各词项的交互作用，不仅能够证明构式及构式压制理论具有心理现实性，而且汉语双宾构式压制句作为一种边缘结构，从原型句扩展而来，对其理解加工过程的探究也有助于揭示人们对新的语言现象的理解加工。二语者汉语双宾构式压制句理解过程的探讨，不仅能够为二语习得与加工理论提供证据，而且有助于从更广阔的角度概括语言的理解加工。因此，本书将以汉语双宾构式句为实验材料，考察母语者和二语者在理解加工过程中，句子的各构成成分与构式义的互动关系，尤其是动词和构式义的互动关系，并比较母语者和二语者之间的异同。

第2章　研究问题的整体设计

2.1　研究的问题

本书的核心研究问题为母语者和二语者如何加工汉语双宾构式压制句，二者的加工方式有何异同？

该核心问题可以细分为以下四个具体问题。

1）母语者和二语者对汉语双宾构式压制句（句法错误、语义可理解的双宾句）的加工是和无压制句相似，即都进行了完整的加工，还是在侦测到错误时就放弃加工？两组被试对构式压制句的加工有何异同？

句法错误、语义可理解的句子的加工和正确句子的加工是否一致，对此问题存在两种观点。一种观点（Sprouse，2007）认为，尽管人们对句子的可接受度是一个连续统（continuum），但这是由于语法之外的因素，如可行性、工作记忆的限制等造成的。前者的加工和符合语法的句子的加工从本质上是不同的。不符合语法的句子在加工中无法从可利用的心理计算（the available mental computations）建构合法的表征（licit representation），而后者则可以。另一种观点（Ivanova, et al.，2012）则认为，和形式完好的句子一样，不符合语法的句子也可以建立句法表征。本书选取的双宾构式压制句属于句法错误、语义可理解的句子，母语者和二语者在对此类句子进行加工时，是否会在动词加工阶段，因侦测到无标记临时活用名转动词（后文简称为活用名转动词）双宾句中的词类信息违反而直接放弃整个句子的加工？还是两组被试对双宾构式压制句的加工与对无压制句的加工一样，都进行了完整的加工？两组被试对双宾构式压制句的加工有何异同？

是否对双宾构式压制句进行了完整加工是本书首先要探讨的问题。实验一采用自定步速实验，以活用名转动词构成的双宾句为材料，考察母语者和二语者加工活用名转动词构成的双宾构式压制句过程中，在出现词类信息违反（强冲突）后，是否仍然对句子进行了完整的加工，以及两组被试对活用名转动词构成的双宾构式压制句的加工方式有何异同？

2）母语者和二语者是否可以提取独立于动词的双宾构式义？母语者和二语者在强冲突双宾构式压制句（活用名转动词双宾句）的加工中构式义的作用及构式义和构成成分之间的交互过程有何异同？

要考察母语者和二语者在汉语双宾构式压制句理解过程中的构式压制机制及异同，首先要证明两组被试能够提取独立于动词的汉语双宾构式义。因此，实验二以活用名转动词构成的双宾句为材料，采用ERP技术在线考察母语者和二语者对汉语活用名转动词构成的双宾构式压制句的加工过程。如果构式义能够对与其意义关联的活用名转动词进行压制，则表明母语者和二语者能够提取双宾结构独立于动词的构式义并运用于句子加工中；在此基础上，本书将进一步对比母语者和二语者构式义提取，以及构式义和构成成分之间的交互过程有何异同。

3）母语者和二语者在弱冲突双宾构式压制句（二价/准三价动词构成的给予义双宾句）加工中构式义和构成成分之间的交互过程和作用有何异同？

句子的意义是构式和动词互动的结果，在实验二的基础上，实验三将考察动词进入双宾构式后，母语者和二语者的构式压制机制的异同。以往习得研究表明（冯丽萍，盛双霞，2004；常辉，2014；武新云，2016），进入双宾构式的动词的句法特征是二语习得的难点，二语者常常会造出一些语义可以理解，但是句法上错误的句子。因此，实验三选取二语者习得过程中常见的偏误句，如：

（31）*我决定写您这封求职信。

（32）*朋友介绍我一份工作。[①]

同时，本书采用ERP技术，在线考察二语者是否能够觉察到汉语双宾构式和二价给予类动词之间的语义相关，但句法上出现的冲突，双宾构式压制句加工过程中各构成成分和构式义之间如何互动，尤其是构式义与动词义如何交互，以及对于母语者和二语者而言，各构成成分和构式义的交互过程有何异同。

4）在汉语双宾构式压制句加工过程中，进行构式压制的实现条件有何异同？

构式压制句的加工主要涉及发现句法语义冲突并解决冲突，对该类结构的加工存在一定难度，尤其是对于二语者来说，有可能出现压制失败。我们将以上述三个实验中发现的母语者和二语者对构式压制句加工的过程与方式为基础，讨论两组被试在构式压制句加工中压制的实现条件有何异同。

本书通过对比母语者和二语者汉语双宾构式压制句的加工机制，探讨母语者和二语者构式压制过程和条件的异同，并从汉语句法特点的角度对现有句子加工理论的解释力和预测力进行讨论，希望本书的研究结果能为语言学理论中构式及构式压制现象的研究、

① 施春宏，等，2017．汉语构式的二语习得研究[M]．北京：商务印书馆．

句子加工理论中动词与论元的互动关系的探讨，以及汉语作为第二语言教学中的句法教学提供依据。

2.2 主要概念界定

2.2.1 汉语双宾句及其加工

汉语双宾句

本书中双宾句指这样一类句子：

（33）He gave me a book.

（34）他给了我一本书。

这类句子的结构形式可以概括为：Ns+V+NP_1+NP_2，指一个动词带有两个名词性成分做宾语的结构。其中Ns为主语位置的名词或名词短语，V为动词，NP_1和NP_2为宾语位置的名词或名词短语，NP_1为指人的间接宾语，NP_2为指物的直接宾语，两个宾语之间没有句法结构关系。这一结构在汉语中有不同的名称，可以叫作“双宾语”（黎锦熙，1924；朱德熙，1979；马庆株，1983；徐枢，1985：70）、“双名受（句型）”（李临定，1986：56）、“双及物”（张伯江，1999；刘丹青，2001；张国宪，2001，2016；徐盛桓，2001，2007）、“双名（构式）”（王寅，2011：18）。名称的不同也反映了研究者认识和分析角度的不同。本书采用构式语法理论，将该结构看作一个整体构式，故称为双宾构式（Double-object Construction）。

张伯江（1999）将该结构称为双及物构式（Ditransitive Construction），“其形式表现为V-N_1-N_2”，其语义核心为“有意的给予性转移”，并以“张三卖邻居一套旧家具，单位分了我一套房子”为例，说明作为构式的合理性。其核心语义为“有意的给予性转移”，且这一核心语义无法从结构的组成成分预测出来。本书并没有采用“双及物”一名，因为双及物不仅包含双宾语结构，而且包括下面的句子（Quirk et al.，1985）：

（35）He handed a book to me.（与格结构）

他递一本书给我。

（36）He bought a book for me.（受益结构）

他给我买了一本书。

同时，中外研究者都注意到了双宾结构和与格结构在表义上的差别。戈德伯格（2007:32）认为：

（37）Mary taught Bill French.

（38）Mary taught French to Bill.

其中（37）表示Bill实际上学会了一些法语，隐喻转移在此是成功的，而（38）没有这个意思。

沈家煊（1999）也提到，汉语中不同句式所表示的整体意义不同：

SVO给x（39）我买了一所房子给你。惠予事物转移并达到某终点，转移和达到是两个分离过程。

SV给xO（40）我卖给你一所房子。惠予事物转移并达到某终点，转移和达到是一个统一过程。

尽管双宾结构和与格结构在英语中都被称为双及物，但两个结构在表义上有一定的区别，因此本书的主要研究对象Ns+V+NP_1+NP_2结构，被称为双宾构式更合适，其构式义为“NP_2所指的事物通过行为V在Ns和NP_1之间传递”（石毓智，2007；林艳，2013：185）。汉语中不仅存在表示给予的双宾句，如“他给了我一本书”，也存在表示索取的双宾句，如“他偷了我一本书”，还存在予夺不明的双宾句，如“他借了我一本书”。张国宪（2001）以历史文献和共时方言为依据，认为汉语双宾构式的原始构式义为“强制的索取性转移”，而现代汉语中的“给予”义或“索取”义都只是双宾句的部分语义内涵，因此本书采用“给予”和“索取”的上位概念——“转移”来概括该结构的构式义。

总之，本书中的汉语双宾句，其结构为“Ns+V+NP1+NP2”，该结构整体被视为一个构式，其构式义为：NP2所指的事物通过行为V在Ns和NP1之间传递。

双宾句加工

在本书中，“双宾句加工”指的是母语者或二语者在阅读中，通过提取、整合双宾句中的词汇和句法结构等信息理解句子意义。

2.2.2 构式、构式压制及构式压制机制

构式

本书采用的构式（construction）概念，是戈德伯格（Goldberg，2007）在《构式：论元结构的构式语法研究》中给出的经典定义：“C是一个构式，当且仅当C是一个形式—意义的配对<Fi，Si>，且C的形式（Fi）或意义（Si）的某些方面不能从C的构成成分或其他先前已有的构式中得到完全预测。”在这个定义中，构式有两个特征：1）形式和意义的配对；2）结构、意义作为整体的不可预测性。有关构式特征的具体解释，已经在1.1.1.1构式的定义和范围部分具体说明。构式可以被看作一种图式，是人们对反复感知到的现象抽象化、概念化、图式化的结果并固化或半固化在人的知识结构中用来同化和认知新的语言现象（邓云华，刘芬，2010）。

构式压制

构式压制（constructional coercion）包含甚广，“凡是构式与组构成分之间或构式中不同组构成分之间在句法、语义等特征上存在某种冲突并最终得到有效解决而实现构式语用和谐的，都可以看作构式压制。”（施春宏，2015）

构式压制的出现和实现需要两个条件，即存在冲突和可解决冲突。“冲突”是构式压制存在的前提（Michaelis，2004），这种冲突包括句法的、语义的，甚至可以是语音的（Taylor，2002；施春宏，2015）。

构式压制可以体现为构式对词项、词项对词项的压制，本书的构式压制特指构式对词项的压制。构式压制的前提是存在冲突，本书指词项进入构式时的语义或句法冲突。冲突解决的条件是词项和构式之间可互动，构式的特征，以及词项本身的特征共同决定了压制能否成功。压制的结果是词项的语义特征或论元结构发生改变（增加或减少论元），以适应构式的结构和语义。通过构式压制形成的句子，本书称为构式压制句，此类句子在句法或语义上有冲突，但可以通过构式压制解决冲突，理解句子意义。

构式压制机制

母语者或二语者在加工双宾构式压制句的过程中，通过处理构式和词项之间的语义或句法冲突，实现对双宾构式的语义整合与理解的过程和方式。

2.3 研究方法

第一，数据收集方法。针对三个实验的研究问题与预期目标，实验一采用自定步速的行为实验，被试通过按键控制视觉材料的呈现时间，电脑自动记录其相应的行为数据（反应时①和正确率）。实验二和实验三采用ERP技术，采集被试的脑电信号（神经电生理数据）。除了实验所得数据之外，还将设计调查问卷和访谈问题请二语者作答，作为实验数据的补充。

第二，数据分析方法。通过推理统计的方法（如T检验、方差分析等）对实验数据进行分析，并结合前人研究对统计结果进行讨论分析。数据分析中使用的软件主要有SPSS、EEGLAB和MATLAB等。

2.4 研究目标与框架

由于本书选取的双宾构式压制句属于句法错误、语义可理解的句子，两组被试对该类句子是否进行了完整的加工是首先要考虑的问题。因此实验一选用活用名转动词构成的双宾句为材料，考察母语者和二语者在面对强句法冲突时，对双宾构式压制句的加工是否和对无压制句的加工一样，都进行了完整的加工，以及两组被试的加工方式有何异同。

在此基础上，继续考察母语者和二语者在双宾构式压制句加工中构式义和各构成成分之间的关系。尽管从冲突的角度看，实验三中动词和构式义的冲突弱于实验二，但研究设计服务于研究目标，实验二的主要研究目标之一在于检验不依赖动词的汉语双宾构式义是否存在。目前关于此问题仍有争议（Ye & Zhou，2007；于亮等，

---

① 反应时（Reaction Time，简称 RT）指从刺激出现到被试做出相应反应之间的时间间隔，是心理学研究认知加工过程的重要指标。

2017），因此实验二首先要考察汉语中是否存在不依赖动词的双宾构式义，在此基础上进一步探讨构式义与各构成成分之间的关系。实验二采用ERP技术，仍以强冲突双宾构式压制句为实验材料，考察两组被试在加工强冲突双宾构式压制句时构式义和各构成成分之间的关系。

实验三旨在考察构式义与动词的互动关系，选取二语者习得过程中常见的动词构成的双宾构式压制句作为实验材料。以往研究（多采用离线的句子分类任务）表明二语习得过程中动词和构式的关系受到二语者二语水平的影响，中高级水平的二语者更倾向于依赖构式（董燕萍，梁君英，2004），但即使高级水平的二语者对构式的依赖程度依然不如母语者（郝暾，2018）。因此实验三在前人研究的基础上，通过ERP技术考察母语者和二语者在线加工过程中动词和构式义的互动关系及其异同。

最后将在以上三个实验结果的基础上，讨论两组被试在构式压制句加工中压制的实现条件有何异同。

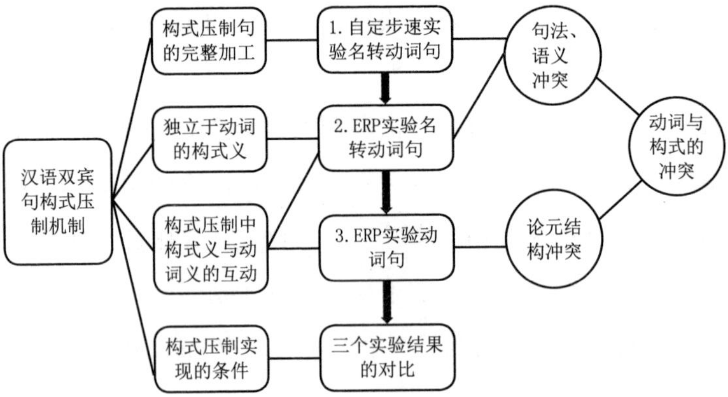

图2-1　实验逻辑关系图

从构式压制的角度看，四个研究问题都围绕动词和构式之间的关系展开，一方面（名转）动词与构式义之间存在冲突，另一方面，（名转）动词的意义也为进入双宾构式并通过压制表达传递义提供了可能。不同之处在于，四个研究问题分别体现了构式压制句加工的不同方面。研究问题一探讨构式压制句是否被完整加工。研究问题二和三探讨加工冲突强弱、类型不同的构式压制句时构式义和词项的互动关系。实验二中，名转动词在句法信息（词类）、语义信息（传递义）方面都存在冲突，且程度较强。实验三中的（给予义二价/准三价）动词可表达给予义，但按照汉语的句法结构规则不能进入双宾结构，是动词与论元之间的冲突，且程度较弱。研究问题四在上述实验研究的基础上探讨构式压制句加工中构式压制实现的条件。

通过上述以不同压制程度的双宾句为材料的三个实验，本书对母语者和二语者在双宾构式压制句加工中构式义和动词义的作用及交互方式的异同进行探讨，研究成果可为汉语句子加工理论、为构式压制机制的过程与条件，以及构式作为形式与意义结合体的可预测性程度等问题提供依据，也可从构式加工的角度为汉语作为第二语言的句法教学提供参考。

第 3 章　汉语活用名转动词双宾句加工的自定步速实验研究

本书选取的双宾构式压制句属于句法上存在冲突的句子，如“小李邮件了小王一份合同”，母语者和二语者在对此类句子进行加工时，在加工名转动词的阶段，是否会因侦测到活用名转动词的词类信息违反而直接放弃整个句子的加工？两组被试对汉语双宾构式压制句的加工有何异同？实验一将采用自定步速实验设计考察母语者和二语者对活用名转动词双宾构式句的加工，并比较母语者和二语者加工方式的异同。

3.1　实验目的

1）考察母语者和二语者是否对强冲突活用名转动词双宾句进行了完整加工。

2）考察母语者和二语者在活用名转动词双宾构式压制句加工中，其加工方式有何异同。

3.2　实验设计

采用2×3混合实验设计，包括两个自变量。

自变量1（母语背景）：母语者和二语者。

自变量2（句子类型）：无压制句（A类句）、可压制句（B类句）和不可压制句（C类句）。

自变量1母语背景为被试间变量，分为母语者被试和二语者被试，二语者的信息说明见3.5。自变量2句子类型为被试内变量，分为3个水平：无压制句（A类句）、可压制句（B类句）和不可压制句（C类句）。A类句是正确的给予类双宾句，句子由三价给予义动词构成，动词义与双宾构式义一致，代表了无需压制句的类型，称为无压制句。B类句和C类句都是名词构成的双宾句（这类名词因为在句子中充当动词的功能，记为Nv），B类句中的Nv与表传递的构式义可以形成互动，构式义可以对Nv的名词性句法特征进行压制从而完成语义整合，代表了可压制句的类型，称为可压制句。C类句中的Nv不含传递义，与双宾构式义的要求不一致，代表了不可压制句的类型，称为不可压制句。

语言中动词的“价”受化学的启发，用来指动词跟一定数目的名词性成分（记作NP）之间的依存关系。其中动词是支配成分，NP是从属成分。从属成分又叫作配价成分（简称 “价”）或配项（袁毓林，1998）。一般说来能跟三个NP组合的动词叫作三价动词。例如：

（41）（爸爸）给（我）（一本书）。

（42）（John）gave（Mary）（a letter）.[①]

配价语法来源于Fillmore的格语法，其语法理念是以动词为中心来建构整个句子。本书虽采用构式语法理论体系，但为了方便指称动词所带参与者角色的数量，本书仍会采用“价”的名称来表示动词的参与者角色数量。文中所选三价动词主要来自袁毓林（1998，2010）、张国华（2011）、张斌（2010）论著中所列举的

① 袁毓林，2010. 汉语配价语法研究[M]. 北京：商务印书馆.

三价动词。袁毓林将单一的价的概念分化为联、项、位、元①的配价层级，用以反映动词在不同的句式中对名词性成分的各种支配能力，认为动词的元的最大限额是三。三元动词大多或表示给予，或表示索取，都能关联施事、与事、受事三个语义角色，形成“施事+____+与事+受事”的配位方式，在本书中称为三价动词。

实验中的因变量为：V（Nv）+了、NP_1和NP_2之后的反应时和整个句子的正确率。实验中的控制变量为V（Nv）的词频和笔画数，B、C两类句子Nv和NP_2的语义关联度。

3.3 实验材料

实验材料包括A、B、C三种类型的句子。A类句属于无压制句，根据袁毓林（1998，2010）、张国华（2011）、张斌（2010）等的研究选取三价给予义动词构成。B、C两类句子由名词充当谓语动词，B类句（可压制句）中的Nv可以和双宾构式义互动，而C类句（不可压制句）中的Nv不含有传递义。

首先是对Nv的选择。根据以往名转动词的研究，名转动词有不同的分类标准，王冬梅（2001）按照转化时是否有标记，将名转动词分为有标记的，如“种”［上声（n.）］——“种”［去声（v.）］、“标准”（n.）——“标准化”（v.）；无标记的，如

① 联（link）指一个动词在各种句子中所能关联的、语义角色不同的名词性成分的数量。项（item）指一个动词在一个句子中所能关联的名词性成分的数量（其中包括通过介词引导的名词性成分）。位（position）指一个动词在一个句子中不借助介词所能关联的名词性成分的数量。元（argument）指一个动词在一个简单的基础句中所能关联的名词性成分的数量。

“网鱼”中的“网”。根据动词化后的名词是否已经凝固，将名转动词分为临时活用名转动词和兼类（或凝固化）名转动词（王冬梅，2001；周领顺，2001；张娇茹，2015）。本书中活用和兼类的判定标准是以《现代汉语词典（第7版）》中所列义项为准，如果词典中标注了名词和动词两种词性的，即视为兼类的名转动词。需要注意的是，尽管可以依据词典的标注区分活用和兼类，但实际上兼类用法和临时活用构成连续统，很难截然区分。本书中B类句（可压制句）的Nv属于无标记、临时活用名转动词，因此简称为活用名转动词。

B类句（可压制句）中的Nv可以与双宾构式的传递义互动，为此，我们主要根据Nv的功能可见性及物性结构对Nv进行选择。

卡沙克和格伦伯格（2000）以“Lyn crutched Tom her apple.”为例，解释人们是如何理解句子的，并提出了功能可见性的概念。功能可见性指人们在环境中与事物互动的方式。例如，人们能够以某种方式与拐杖互动：当人受伤时，拐杖能够帮人行走；能用来敲东西；能将东西从一个狭长的缝隙中推出。所有这些与拐杖交互作用的可能性对成人来说就是拐杖的功能可见性。正是由于拐杖（推出物体）的功能可见性与苹果（被推出）的特征相契合，以及双宾构式自身表传递的构式义，才使人们能够将“Lyn crutched Tom her apple.”理解为“Lyn pushed the apple using the crutch.”，而人们很难理解“Lyn threaded Tom her apple.”，是因为thread的功能可见性不能和push的动作契合。

因此，实验一所选择的B类可压制Nv的功能可见性必须能够与双宾构式的传递义相契合。格伦伯格等对功能可见性的解释尚未摆脱百科知识的特点，缺乏系统性。生成词库论的物性结构则从名词本身的特点出发，系统地阐释了正是名词所具有的物性结构才使得其能够被压制。

物性结构包括如下四种物性角色（Pustejovsky，1995；袁毓林，2014）。

1）构成（constitutive），主要包括材料、重量、部分和构成成分。

2）形式（formal），主要包括方位、大小、形状和维度等。

3）功用（telic），主要包括主体（agent）实施动作的目的、特定行为的功能或目的。

4）施成（agentive），主要包括创造者（creator）、人工制品（artifact）、自然种类（natural kind）和因果链（casual chain）。

物性结构是百科知识和词汇语义的接口，说明了与一个事物相关的典型事物、事件和关系，表达了一个名词中典型的谓词和关系，其贡献在于只把与语言知识相关的部分百科知识引入词义分析，并将其结构化，使其成为系统的、可约束的百科知识（宋作艳，2018）。具体到B类句（可压制句）中的Nv，从物性结构的角度看，其共同特点是功用角色与构式所表达的传递义不冲突。

表3-1　B类可压制句中Nv的物性角色及与构式义的关系

名词	物性角色	释义	构式义	B类名转动词句
电话	功用	用电话传递信息（秘密）	信息的转移	小李电话了小王一个秘密。
百度	功用	用百度获取（酒店）信息	信息的转移	小李百度了小王一家酒店。

C类句（不可压制句）中的N_V与双宾构式的传递义无关，冲突过大，构式义无法对其进行压制。

表3-2　C类不可压制句中Nv的物性角色及与构式义的关系

名词	物性角色	释义	构式义	C类名转动词句
酒精	功用	一种有机化合物	秘密的转移	小李酒精了小王一个秘密。
饭店	功用	吃饭的场所	酒店信息的转移	小李饭店了小王一家酒店。

根据《现代汉语词典（第7版）》，本书选取了12个名词[①]（非兼类词，具体名词见附录A），且其物性角色可以被双宾构式义形成压制，构成12个活用Nv双宾句，属于B类句（可压制句）。C类句（不可压制句）中的12个名词，其物性角色与双宾构式义无关，构成12个不可压制句。最后为每对Nv匹配一个三价给予义动词，构成12个A类句（无压制句）。每个A类句、B类句、C类句形成1组，实验材料共有12组36个句子。每组双宾句的Ns、NP_1和NP_2都相同。为了降低句子加工的难度，所有以人名为Ns和NP_1的句子，其Ns都为“小李”，NP_1都为“小王”。

实验材料[②]举例见表3-3。

---

① 依据《汉语国际教育用音节汉字词汇等级大纲（国家标准）》，12个可压制的名词中3个属于初级词汇，2个属于中级词汇，1个属于高级词汇（具体词汇参见附录A）。另有6个名词未列入大纲中，其中专有名词4个，分别为百度、谷歌、顺丰和淘宝。为了避免词语识别带来的问题，二语者被试实验前一天会得到一份词表，包括所有实验中出现的生词。

② 实验一所有实验材料及词频、笔画数见附录A。

表3-3　实验一实验材料示例

序号	类型	实验材料	V/Nv的词频	V/Nv的笔画数
组1	A无压制句	小李**告诉**了小王一个秘密。	4.79	14
	B可压制句	小李**电话**了小王一个秘密。	4.26	13
	C不可压制句	小李**酒精**了小王一个秘密。	2.73	24
组2	A无压制句	小李**转让**了小王一家酒店。	1.69	13
	B可压制句	小李**百度**了小王一家酒店。	0.30	15
	C不可压制句	小李**饭店**了小王一家酒店。	2.81	15

所有实验句对V/Nv的词频（汉语词频统计可参见Cai & Brysbaert，2010）、笔画数，以及B类句（可压制句）、C类句（不可压制句）中两类Nv与NP_2之间的语义关联度进行了控制。

B类句（可压制句）中的Nv需要经过构式压制才能与两个宾语进行语义整合，而C类句（不可压制句）中的Nv由于无法和构式义形成互动，从而无法与两个宾语进行语义整合。当Nv和NP_2的语义冲突时，Nv的意义无需与构式义形成互动就可以阻碍整个双宾句的语义整合并影响行为反应的结果，例如“小李百度了小王一片天空。”中“百度”与“天空”的冲突，因此进一步控制了B类句（可压制句）、C类句（不可压制句）中Nv与NP_2的语义关联度。将B类可压制Nv和NP_2、C类可压制Nv和NP_2分别构成词对，请20名大学生母语者对两组词对的语义亲疏程度进行评分（1～7分），数值越高代表语义联系越紧密。评定结果如下。

表3-4　三类V/Nv词频、笔画数及Nv与NP_2语义关联度的均值（M）、标准差（SD）

条件	词频M（SD）	笔画数M（SD）	语义关联度M（SD）
无压制句	2.87（1.168）	15.17（2.725）	
可压制句	2.379（1.225）	16.33（4.579）	3.771（1.8）
不可压制句	2.521（.750）	16.17（4.509）	3.823（1.012）

单因素方差分析显示，三类条件V/Nv的词频差异不显著［F（2,22）=.921，p=.398>.05］，笔画数差异不显著［F（2,22）=.374，p=.644>.05］。配对样本t检验显示，B类可压制句、C类不可压制句中Nv和NP_2的语义关联度无显著差异［t（11）=-.082，p=.936>.05］。

为了控制相关变量（词频、笔画数等），无法选取来自确定出处的现代汉语作品中的句子作为实验材料，而需要使用自编语料。同时，为了保证自编语料的可接受度，所有语料均请大学生母语者分别评定了其句法正确性和语义可理解性。为了保证每一位评定者既能对三种条件的句子进行评定，又不会重复评定NP_2相同的句子，我们对实验材料进行了拉丁方分配，分为三个版本，每个版本请15位大学生母语者进行评定。

评定采用5分量表（1～5分），句法完全正确为5分，句法正确程度越低，分值越低。句子语义可以理解为5分，可理解程度越低，分值越低。其中A类句（无压制句）的句法和语义得分应该在4分及以上；B类句（可压制句）的句法得分在4分以下，语义得分在2.5分及以上；C类句（不可压制句）的句法和语义得分在2分及以下。每组材料的三个条件之间句法正确性和语义可理解性得分为

A>B>C。

B类句（可压制句）的句法和语义评定的平均得分跨度较大，原因在于B类句由活用名转动词构成，仍处在从名词到动词的转化的过渡状态。克拉克·Ev、克拉克·HH（Clark Ev & Clark HH，2003）认为，活用名转动词和定型的名转动词分处于一个连续统的两端，之间并没有明确的分界线。一个词的用法如果语用合理、语义正确，但是语法不正确，这个词的用法是否应予肯定就需要时间的考验（周领顺，2001）。因此对于转化过程中的B类句（可压制句），我们只要求其语义可理解性在2.5分以上，句法正确性在4分以下。同时，母语者调查也显示，同样是名词充当动词谓语的句子，其语义可理解性越高，语法可接受度也越高。王冬梅（2001）也指出，无论名转动词的使用范围或凝固化程度如何，人们使用和理解它们的认知基础都是一致的，它们受共同的规律所支配。因此，我们将B类句的标准确定为语义可理解性的分值大于2.5分，句法可接受度的分值则在4分以下。评定结果显示，B类句的句法正确性均值为2.5分，评定结果的分值范围在1.9～3.7之间。

为了避免被试在看到动词或做谓语中心的名词后就形成双宾句的加工策略，实验中选取6个凝固化名转动词[①]和6个动词构成的正误对半的24单宾句作为填充材料。双宾句分四个部分呈现，因此构成填充材料的单宾句也包括四个部分，分为两种类型。一种是定中短语做宾语的单宾句，如：小李/画了/三幅/国画；另一种是动宾补结构做谓语，其宾语为指人名词，补语为数量短语，如：小李/陪

① 王冬梅，2001．现代汉语动名互转的认知研究[D]．北京：中国社会科学院．

伴了/小王/一整天。所有填充材料中的人名都以“小李”为主语，“小王”为宾语，与实验材料的双宾句相同，这样被试只有加工到第三或第四个部分时才能判断出句子是否为双宾构式句，以避免受到自上而下的预期对句子加工的影响。

表3-5　实验一填充材料示例

序号	动词构成的单宾句		凝固名转动词单宾句
1	正确	小李陪伴了小王一整天。	小李网了五条大鱼。
	错误	小李陪伴了小王好几下。	小李网了五条天空。
2	正确	小李访问了美国好几次。	小李锯了三块木头。
	错误	小李访问了美国好几下。	小李锯了三块大地。

所有材料一共60个句子，填充材料占所有材料的40%。所有材料伪随机排列以平衡顺序效应，同一条件的句子不会连续出现3次及以上。整个实验完成需要10分钟。

3.4　实验任务和过程

使用E-Prime2.0软件编写程序，被试通过按空格键自定步速阅读句子。具体流程为黑色屏幕中心呈现红色“+”注视点，被试每次按空格键即依次呈现“Ns”“V/Nv+了”“NP_1”“NP_2。”，其中“NP_2。”提示句子结束。被试继续按空格键，呈现红色“？”。被试看到“？”后按键判断句子是否可以接受。若问号呈现3 000 ms后被试没有反应，则自动呈现下一试次的材料。被试的反应时间及最后判断结果由计算机自动记录。

3.5 被试

共招募母语者20名［8男12女，年龄均值为24（SD=2.11）岁］、二语者22名［9男13女，年龄均值为25（SD=3.2）岁］。其中，二语者的汉语水平达到以下标准之一，即被视为高级水平：1）通过HSK 5级或以上，或其他相应等级的社会考试；2）大学汉语专业四年级及以上学生，且经由教师认定为高级汉语水平。所有二语被试均在12岁之后开始学习汉语，属于晚接触汉语的二语者。三个实验由同一批被试完成，实验之间可休息。被试裸眼或矫正视力正常，右利手，无阅读障碍。被试参加实验前阅读并签署《被试知情同意书》，实验后接受一定的报酬。

3.6 实验一数据分析与结果

共有20名母语者被试、22名二语者被试参与实验一。母语者被试A类句（无压制句）、C类句（不可压制句）①的正确率均在80%以上，3名二语者被试因A类句和C类句的正确率低于60%②而被剔除，最后进入数据分析的有效被试为母语者20名，二语者19名。

对反应时的计算首先进行了数据预处理，删除了小于150 ms的数据。通常认为200 ms以内的语言加工过程代表了一种自动加工

---

① 由于B类可压制句属于介于正误之间的中间状态，考察单个被试的平均正确率时仅依据A类句和C类句的平均正确率。

② 对于二语者被试选取正确率60%的数据，依据李嘉华，郑莹，杨静，2018．二语熟练水平对汉英双语者二语词汇通达中一语自动激活的影响[J]．外语教学与研究，50（01）：101-113，161．

（Neely，1991），加之已有研究表明对书面语语义的最早通达也要在160 ms左右（Hauk & Coutout, et al.，2012；Amsel，Urbach & Kutas，2013），因此对词语的判断如果反应时在150 ms之内，则可能是由于E-prime本身的记录错误。删除极端值之后，再去除平均值正负2.5个标准差之外的数据，得到母语者和高水平二语者在三类条件下的反应时和正确率，见表3-6。

表3-6　实验一两组被试关键词[①]后反应时（RT）和总正确率（ACC）的均值（M）与标准差（SD）

母语背景	句子类型	“Nv/V+了” RT M（SD）	NP_1RT M（SD）	NP_2RT M（SD）	ACC M（SD）
母语者（N=20）	无压制句	414.31（195.34）	399.77（147.11）	1002.07（475.09）	0.97（0.07）
	可压制句	429.52（194.27）	396.61（145.51）	1107.73（714.05）	0.43（0.37）
	不可压制句	451.21（207.38）	391.32（140.26）	849.01（514.52）	0.98（0.07）
二语者（N=19）	无压制句	863.15（369.77）	583.10（181.10）	1218.68（515.05）	0.81（0.11）
	可压制句	859.92（428.22）	531.67（178.22）	1090.65（501.87）	0.38（0.29）
	不可压制句	914.39（429.82）	554.08（182.27）	977.99（451.64）	0.92（0.10）

① 全句包括三个关键词，即“Nv+了”、NP_1和NP_2。

反应时方面，对结果做3（句子类型：A无压制句、B可压制句、C不可压制句）×3（关键词："Nv/V+了"、NP_1、NP_2）×2（母语背景：母语者、二语者）三因素重复测量方差分析，结果显示：母语背景主效应显著［$F(1,37)=6.85$，$p=.013$］，母语者反应时显著小于二语者。关键词主效应显著［$F(2,74)=56.824$，$p=.000$］，成对比较可知，三个关键词之间两两差异显著（$ps=.000$），其中NP_2的反应时最长，NP_1的反应时最短。关键词和母语背景交互作用显著［$F(2,74)=5.661$，$p=.011$］，简单效应分析结果显示，母语者，NP_2反应时最长，显著区别于"Nv/V+了"和NP_1的反应时（$ps<.000$），NP_1反应时最短，但和"Nv/V+了"没有显著差异（$p=1$）；二语者，三个关键词之间两两差异显著（$ps<.028$），NP_2的反应时最长，NP_1的反应时最短。句子类型主效应显著［$F(2,74)=3.492$，$p=.047$］，成对比较可知，C类句（不可压制句）的反应时最短，显著区别于B类句（可压制句）（$p=.028$），A类句（无压制句）与B类句、C类句差异均不显著（$ps>.062$）。句子类型与母语背景交互作用不显著［$F(2,74)=2.484$，$p=.103$］。句子类型和关键词的交互作用显著［$F(4,148)=6.987$，$p=.002$］，简单效应分析结果显示，"Nv/V+了"后，C类句中的"Nv+了"反应时最长，显著区别于B类句中的"Nv+了"（$p=.04$），A类句与B类句、C类句差异均不显著（$ps>.163$）；NP_1后，三类句子之间两两差异不显著（$ps>.071$）；NP_2后，C类句的反应时最短，显著区别于A类句、B类句（$ps<.010$），A类句、B类句之间差异不显著（$p=1$）。母语背景、句子类型、关键词三者的交互作用不显著［$F(4,148)=1.182$，$p=.312$］。

正确率方面，2（母语背景：母语者、二语者）×3（句子类型：A无压制句、B可压制句、C不可压制句）两因素重复测量方差分析结果显示，母语背景主效应显著［F（1,37）=5.257，p=.028］，母语者的正确率显著高于二语者。句子类型主效应显著［F（2,74）=80.515，p=.000］，事后Bonferroni成对比较可得，三类句子之间正确率两两差异显著（ps<.02），B类句（可压制句）的正确率最低[①]，C类句（不可压制句）的正确率最高。母语者背景与正确率交互作用不显著［F（2,74）=.915，p=.361］。

上述重测方差分析结果表明：

1）母语者对活用名转动词双宾句的加工明显优于二语者，表现在母语者反应时显著短于二语者且正确率显著高于二语者；

2）C类句（不可压制句）的加工对母语者和二语者都最容易，表现在反应时最短且正确率最高；

3）对各个关键词的加工，不同类型的句子之间表现不同。对“Nv+了”的加工，母语者和二语者都对C类句（不可压制句）的“Nv+了”进行了最长时间的加工，因为C类不可压制Nv的物性角色或其功能可见性使其不具备充当动词的潜在特征，当其后面加上表示动态的句法标志“了”时，出现了句法和语义的双重违反，因此两组被试对C类不可压制Nv的加工时间最长。B类可压制Nv虽然也是名词充当动词，但B类可压制Nv的物性角色或其功能可见性使其词义中具有表示动作的工具、方式、手段的信息，或有可能充当动词，汉语中也有“百度了”“微信了”这样的用法，因此B类可压制Nv的反应时显著短于C类不可压制Nv，同时B类可压制Nv的反应时

---

① 可接受任务判断中，将被试的是反应确定为正确，将被试的否反应确定为错误。因此B类可压制句的正确率可以视为其可接受程度。

和A类无压制Nv的反应时差异不显著。对NP_1的加工两组被试三类句子之间均没有差异，意味着句子加工尚未完成，被试未开始语义整合。对NP_2的加工，B类句（可压制句）中NP_2的反应时与A类句（无压制句）中NP_2的反应时一样，显著长于C类句（不可压制句）中NP_2的加工时间。两组被试在C类句（不可压制句）加工中遇到NP_2时发现语义无法整合，放弃整合，因此反应时最短。而B类句（可压制句）中的NP_2和A类无压制句中的NP_2都能够与之前的信息进行整合，因此二者的加工时间没有显著差异。

通过对两组被试三类句子各个关键词加工结果的分析有如下发现。

第一，两组被试均不存在一看到“Nv+了”就放弃加工的现象。对两组被试来说，三类句子中NP_2的加工时间都显著长于“Nv/V+了”及NP_1的加工时间，这意味着被试并未因句子中“Nv+了”或NP_1的冲突而放弃对句子的加工，而是在NP_2后试图整合句子的信息。并且，两组被试B类句（可压制句）NP_2的反应时与A类句（无压制句）NP_2的反应时一样，这表明两组被试都对B类句进行了完整的加工。

第二，对两组被试而言，对句法和语义冲突明显的C类句（不可压制句）进行否反应最容易。与无冲突的A类句（无压制句）相比，B类句（可压制句）的整合从行为表现上看并未出现明显的加工困难，表现在B类可压制句中“Nv+了”、NP_1和NP_2的反应时均与A类无压制句没有显著差异。按照构式理论，对构式压制句的加工，存在发现冲突，并解决冲突的过程，这一过程会带来相应的加工困难。特拉克斯勒、皮克林和麦克尔里（2002）通过眼动实验证明，相对于无压制句，压制句的加工存在明显的困难，压制句的第一次回视时间和总时间显著长于无压制条件；库珀伯格等（2010）采用

ERP技术考察压制句，结果发现相比于无压制句，构式压制句诱发了明显的N400成分，表明构式压制的加工带来了明显的加工困难。但本书通过自定步速实验并未发现B类可压制句的加工时间显著长于A类无压制句。

综上，在汉语双宾构式压制句的加工中，母语者和二语者对存在句法错误、语义可理解的句子都进行了完整的加工。同时两组被试对构式压制句的加工方式一致，均未发现构式压制带来明显的加工困难，不同的是母语者的加工明显优于二语者。由于实验一未能发现构式压制句加工带来明显的加工困难，不同于以往的眼动或ERP研究结果，因此实验二将采用ERP技术，进一步考察在两组被试活用名转动词双宾构式压制句加工过程中动词和构式的互动关系。

第4章　汉语活用名转动词双宾句加工的ERP实验研究

4.1　实验目的

1）考察母语者和二语者是否能够提取独立于动词的汉语双宾构式义，两者如何整合构式义和各词项信息。

2）考察母语者和二语者对词类和语义信息不一致的强冲突双宾构式压制句的加工有哪些异同。

4.2　实验设计

采用2×3混合实验设计，包括两个自变量。

自变量1（母语背景）：母语者和二语者。

自变量2（句子类型）：无压制句（A类句）、可压制句（B类句）和不可压制句（C类句）。

自变量1母语背景为被试间变量，分为母语者被试和二语者被试。自变量2句子类型为被试内变量，分为3个水平，即无压制句（A类句）、可压制句（B类句）和不可压制句（C类句）。A类句是正确的给予类双宾句，句子由三价给予义动词构成，动词义与双宾构式义一致，代表了无需压制的类型，称为无压制句。B类句和C类句都是名词构成的双宾句（这类名词记为Nv），B类句中的Nv的物性特征与表传递的构式义可以形成互动，构式义可以对Nv的名词性句法特征进行压制，从而完成语义整合，代表了可压制的类型，称为可压制句；C类句中的Nv为普通名词，与双宾构式义对成分语义的要求不一致，代表了不可压制的类型，称为不可压制句。

4.3 实验材料

实验二仍选用实验一中活用名转动词构成的双宾句作为实验材料，为满足ERP实验所需材料的基本数量，在试验一12组36个句子的基础上，实验二又根据《现代汉语词典（第7版）》另选取6个非兼类名转动词，与实验一中原有的12个名转动词合在一起，一共18个名转动词[①]，其物性角色与双宾构式义一致。其中17个名词分别构成两个Nv相同、NP_2不同的双宾句，另有1个名词构成1个双宾句，一共构成35个活用Nv双宾句，即可压制句。C类句（不可压制句）和A类句（无压制句）也是如此，分别新增6个普通名词（物性角色与构式义无关）和6个三价动词，构成35个不可压制句和35个无压制句，实验材料一共35组105个句子。每组双宾句的Ns、NP_1和NP_2都相同。为了降低句子加工的难度，所有以人名为Ns和NP_1的句子，Ns都为“小李”，NP_1都为“小王”。因为实验二的实验材料在实验一实验材料的基础上扩充而来，因此不再示例。

① 18个可压制名转动词中有11个出现在《汉语国际教育用音节文字词汇等级划分（国家标准）》中，其中初级词汇5个，中级词汇4个，高级词汇2个（具体参见附录B）。另有7个名词未出现在大纲中，其中4个为专有名词，分别为百度、谷歌、顺丰和淘宝。为了避免词语识别带来的问题，实验前一天二语者会得到一份词表，包括实验中出现的生词。

和实验一相同，所有实验句对V/Nv的词频、笔画数，以及B、C两类句子中Nv与NP_2之间的语义关联度进行了控制。

表4-1 三类V/Nv词频、笔画数及Nv与NP_2语义关联度的均值（M）、标准差（SD）

条件	词频M（SD）	笔画数M（SD）	语义关联度M（SD）
无压制句	3.149（1.013）	15.400（3.041）	
可压制句	3.183（0.874）	15.171（4.449）	4.060（1.536）
不可压制句	3.354（0.942）	15.571（3.837）	4.133（1.203）

单因素方差分析显示，三类条件V/Nv的词频差异不显著［F（2,102）=.45，p=.639>.05］，笔画数差异不显著［F（2,102）=.053，p=.949>.05］。配对样本t检验显示B、C两类句子中Nv和NP_2的语义关联度无显著差异［t（47）=-.250，p=.803>.05］。所有材料仍然请母语者大学生分别评定其句法正确性和语义可理解性，评定方法和标准与实验一相同。评定结果也与实验一相同，B类可压制句的句法正确性均值为2.5分，评定结果的分值范围在1.9～3.7之间。

为了提高信噪比，35组共105个实验句重复一遍，即共有210个实验句。填充材料也进行了同比例扩充，在原有填充材料的基础上，增加至18个动词构成的36个正误各半的单宾句和18个凝固化的名转动词构成的36个正误各半的单宾句，并将凝固化名转动词构成的单宾句重复一遍，共得填充材料108句。填充句的数量约占全部材料的34%，被试一共需要判断318句。所有材料伪随机排列以平衡顺序效应，同一动词构成的实验句不会连续出现，同一条件的句子不会连续出现3次及以上。整个实验完成需要30～40分钟。

4.4 实验任务和过程

以往句子词类加工的研究表明，实验任务对语义的整合有影响。张亚旭等（2011）指出语义连贯性或意义性判断任务下，词类和语义双违反引发了N400效应，而相同的实验材料在句子可接受性判断任务下，词类和语义双违反不再诱发N400效应，表明强制性的意义加工任务本身也会诱发N400的出现。为了避免任务本身带来的效应对实验结果的影响，本书选择较为中性的任务，要求被试判断句子的总体可接受性。

二语者被试在实验之前会得到一份词表（构成实验材料的词语），以避免词语识别问题对实验结果的影响。

实验过程中，被试距电脑屏幕1米左右。每个句子分为四部分呈现，依次为Ns、V/Nv+了、NP_1和NP_2。具体流程为黑色屏幕中心出现红色“+”注视点600 ms，之后是200 ms空屏，然后句子的四个部分分别以白色34号字体呈现600 ms，均后接200 ms空屏。每个句子呈现完毕之后，会独屏呈现一个红色问号“？”，提示被试开始进行判断。如果问号呈现3 000 ms后被试没有反应，则直接开始呈现下一试次的材料。具体实验流程如图4-1。

N400效应主要出现在语义违反刺激词之后200～600 ms，在400 ms左右达到峰值，主要分布在靠后脑区（Kutas & Hillyard，1980；Kutas & Federmeier，2011）。P600主要出现在关键词之后500～800 ms，其头皮分布主要集中于中央顶区（Osterhout & Holcomb，1992；Hagoort，2003；刘燕妮，舒华，2003）。为了能够观察到可能出现的N400或P600效应，将两两关键词之间的间隔设置为800 ms。每个关键词呈现600 ms，这一设定则依据张亚旭等

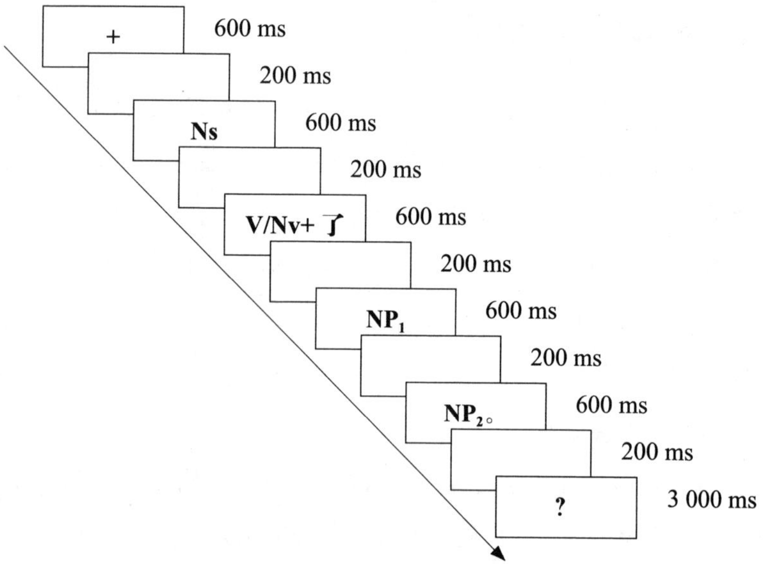

图4-1　实验二流程图

（2013）中汉语短语的呈现时间。

实验结束后，对二语者被试进行访谈（访谈问题参见附录D），以了解二语者被试对句子的习得和理解过程。

此外，选取B类句（可压制句）、C类句（不可压制句）各5个共10个句子，另邀请11位未参与实验的二语者以纸笔方式评定其句法正确性，并将汉语句子翻译为英语，以考察二语者对可压制句和不可压制句的句法正确性判断和语义理解，其评定和翻译的材料也可在实验数据解释部分作为参考。

4.5　被试

与实验一中的被试相同。

4.6 实验二数据采集与分析方法

4.6.1 数据采集方法

使用ERP技术采集被试的脑电信号（神经电生理数据），使用10-20系统设置的64导电极帽（Neuroscan Inc.）。在线记录时，原有参考电极贴在左侧乳突，垂直眼电（vertical electro-oculogram, VEOG）的记录电极贴在左眼上下眼眶，水平眼电（herizontal electro-oculogram, HEOG）则在两眼外侧记录。信号采样频率为1 000 Hz，记录电极的阻抗在5 KΩ以下，高通滤波0.05 Hz，低通滤波100 Hz。ERP数据采集的同时也记录被试句子可接受性判断的行为反应。

4.6.2 数据分析方法

行为数据主要分析被试在各条件上的反应时和正确率，分别进行2（母语背景：母语者、二语者）×3（句子类型：A无压制句、B可压制句、C不可压制句）的两因素重复测量方差分析。

使用EEGLAB对脑电数据进行离线数据预处理。首先删除无用电极M1、CB1、CB2、VEOG和HEOG。低通30 Hz滤波后，以关键词前200 ms到之后800 ms分段，并以-200 ms为基线校准。用ICA去除眨眼、眼漂和头动等伪迹，手动删除坏段。离线参考为连接乳突参考（linked mastoids reference），优点是不会偏向任何一侧半球（Luck，2005：83），即直接用右侧乳突M2记录到的电压的一半作为平均参考。

数据预处理之后，没有删除被试的错误试次，而是保留所有试次用于数据分析。B类句（可压制句）属于句法上有冲突，但是语义可以理解的句子，本身处于过渡状态，尽管可接受程度不同，但其背后的规律是一致的。为了确保可接受程度本身不影响数据的一致性，本书做了进一步的统计分析。选取本书关注的N400（300～500 ms）、P600（600～800 ms）时间窗口，根据被试对B类句（可压制句）的可接受程度，将母语者分为高接受组（B类句的平均可接受度为65%）和低接受组（B类句的平均可接受度为37%），以Pz电极为代表对三类句子各关键词（V/Nv+了、NP_1和NP_2）后的N400或/和P600时间窗口内的ERP数据做2（接受度：高接受组、低接受组）×3（句子类型：A无压制句、B可压制句、C不可压制句）两因素重复测量方差分析，结果发现高接受组与低接受组的脑电数据差异不显著（具体分析过程，参看4.7.1）。为了保证A类句（无压制句）、C类句（不可压制句）的数据与B类句（可压制句）的一致，本书中也将保留A、C两类句子的全部试次。同样，根据A、C两类句子试次保留的类型将母语者实验数据分为两组：全部试次组和仅包含正确试次组，以Pz电极为代表对母语者三类句子各关键词（V/Nv+了、NP_1、NP_2）后的N400或/和P600时间窗口内的ERP数据做2（试次类型：全部试次组、仅包含正确试次组）×3（句子类型：A无压制句、B可压制句、C不可压制句）两因素重复测量方差分析。结果表明，全部试次组与仅包含正确试次组在各关键词后的各时间窗口内的数据差异均不显著（具体分析过程参见4.7.1）。因此在随后的ERP数据分析中，将保留被试的全部试次用于数据分析。

数据预处理之后，首先对两组被试三种句子类型在Cz和Pz电极点上的总平均电压值作图，根据各个关键词后三类句子总平均波形图中波形出现明显差异的时间窗口，并结合以往研究中N400和P600

的时间窗口，选取本书中用于统计分析的N400或/和P600时间窗口（具体时间窗口的选择参见4.7.3）。

时间窗口确定之后，选取不同位置的电极，用以分析ERP效应的头皮分布。首先选择中线位置前、中、后3个电极（Fz、Cz、Pz）对各关键词后的N400或/和P600时间窗口做2（母语背景：母语者、二语者）×3（句子类型：A无压制句、B可压制句、C不可压制句）×3（中线位置：Fz、Cz、Pz）三因素重复测量方差分析，确定ERP效应在大脑中线位置前、中、后的分布。

中线位置之后将大脑两侧根据区域和半球，共分为4个感兴趣区（ROI），左前包括9个电极：F1、F3、F5、FC1、FC3、FC5、C1、C3、C5；左后包括8个电极：CP1、CP3、CP5、P1、P3、P5、PO3、PO5；右前包括9个电极：F2、F4、F6、FC2、FC4、FC6、C2、C4、C6；右后包括8个电极：CP2、CP4、CP6、P2、P4、P6、PO4、PO6。对各关键词后的N400或/和P600时间窗口做2（母语背景：母语者、二语者）×3（句子类型：A无压制句、B可压制句、C不可压制句）×4（ROI：左前、左后、右前、右后）三因素重复测量方差分析，确定ERP效应在大脑两侧前后左右的分布，所有方差分析的p值均采用Greenhouse-Geisser矫正（Greenhouse & Geisser, 1959）。中线位置和ROI分析之后对两组被试N400和/或P600时间窗口的ERP数据做脑电地形图以对应中线位置和ROI分析结果。实验数据分析流程图如图4-2。

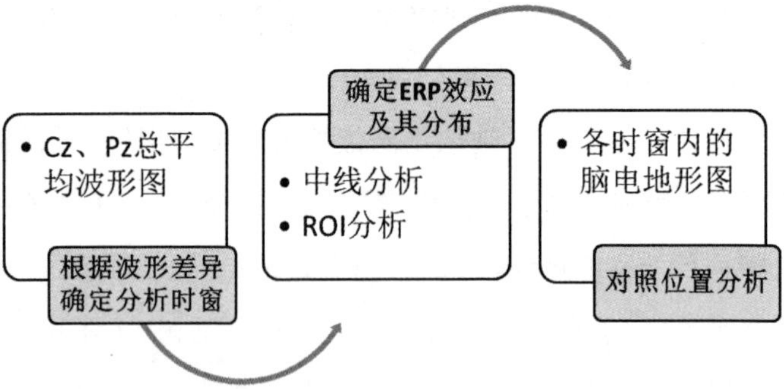

图4-2　实验数据分析流程图

4.7　实验二数据分析

4.7.1　所有试次的数据总体分析

由于B类句（可压制句）本身处于正误之间的过渡状态，其句子语义可以理解而句法存在冲突，B类句的正确率亦可视为其可接受度。同时，B类句内部各句子之间的可接受度也不一致，有些句子的可接受度更高。王冬梅（2001）指出，无论名转动词的使用范围或凝固化程度如何，人们使用和理解它们的认知基础都是一致的，它们受共同的规律支配。为了进一步证明不同接受程度的B类句具有共同的加工方式，根据B类句的正确率（即可接受程度）将母语者被试分为高接受组（平均正确率为65%）和低接受组（平均正确率为37%）进行对比，结果发现两组之间的脑电数据差异不明显。

为了更好地体现两组被试之间可接受程度的差异，删除了B类句正确率在50%～57%的4名被试，将剩余的16名被试分为高接受组（8人，正确率在59%～75%之间，平均正确率为65%）和低接受组（8

人，正确率在15%～44%之间，平均正确率为37%），选取Pz电极为代表电极，将两组被试的脑电数据进行了对比分析。

高接受组和低接受组在Pz电极上的总波形图如图4-3。

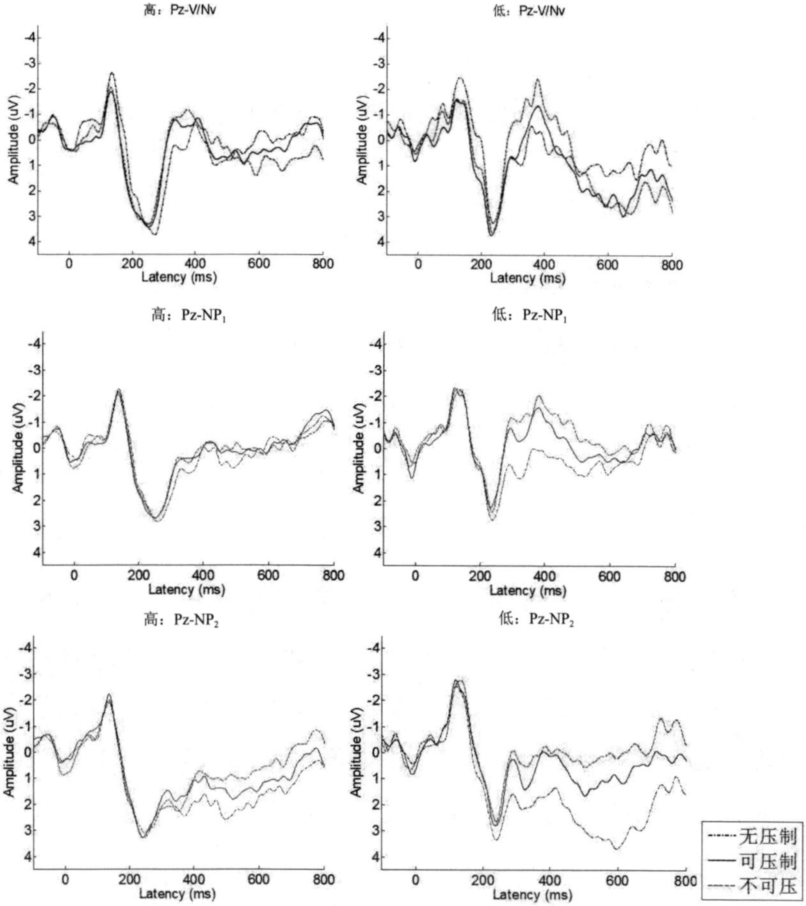

图4-3　Pz电极高低两组被试数据对比图

对“V/Nv+了”后300～500 ms、600～800 ms时间窗口，NP_1后300～500 ms，NP_2后300～500 ms、600～800 ms①时间窗口，分别做2（正确率：高接受组、低接受组）×3（句子类型：A无压制句、B可压制句、C不可压制句）两因素重复测量方差分析，结果如表4-2②。

表4-2　三个关键词后N400、P600时间窗口组间重复测量方差分析结果

	p	
	正确率主效应	正确率与句子类型交互作用
“V/Nv+了”后300～500 ms	.877	.754
“V/Nv+了”后600～800 ms	.035	.596
NP_1后300～500 ms	.428	.075
NP_2后300～500 ms	.504	.080
NP_2后600～800 ms	.866	.061

各时间窗口内的重复测量方差分析结果显示，在“V/Nv+了”、NP_1、NP_2后300～500 ms 时间窗口及NP_2后600～800 ms之间时间窗口内，正确率主效应（两组之间）差异均不显著（*ps*>.428），正确率与句子类型之间交互作用不显著（*ps*>.061）。只有在动词后600～800 ms时间窗口内，两组之间差异显著［*F*（1,14）=5.46，

① 300～500 ms、600～800 ms时间窗口的选择与以往研究中N400和P600的时间窗口一致，也是本书中所关注的时间窗口。

② 由于此处主要关注两组数据之间的差异，句子类型因素并非此处考察的主要因素，因此仅呈现组间对比结果及其与句子类型的交互作用结果。

p=.035］，高接受组的波幅显著大于低接受组（高接受组均值为0.12，低接受组均值为1.66），句子类型主效应显著［*F*（2,28）=4.61，*p*=.025］，表明三种句子类型之间差异显著，而正确率与句子类型交互作用不显著［*F*（2,28）=0.48，*p*=.596］，表明高、低组三个句子类型之间的差异是一致的（三类句子的波幅由大到小排列：不可压制>可压制>无压制）。本书主要关注B类可压制句与A类无压制句和C类不可压制句之间的差异，由于高接受组和低接受组之间三种句子类型的差异是一致的，因此可以认为B类句（可压制句）正确率的高低不影响三类句子之间的加工结果差异，所以在之后的数据分析中，将保留B类句的所有数据。

为了保证三类句子之间数据的一致性，且A类句（无压制句）和C类句（不可压制句）本身的判断正确率较高，数据分析也将保留A类句和C类句的全部数据。以母语者被试Pz电极点的三个关键词后的ERP数据为例进行分析，A、C两类句子仅包含正确试次的数据与包含全部试次的数据结果一致，如图4-4。

对“V/Nv+了”后300～500 ms、600～800 ms，NP_1后300～500 ms，NP_2后300～500 ms、600～800 ms时间窗口分别做2（试次类型：仅正确试次组、全部试次组）×3（句子类型：A无压制句、B可压制句、C不可压制句）两因素重复测量方差分析，结果如表4-3[①]。

① 由于此处主要关注两组数据之间的差异，句子类型因素并非作考察的主要目的，因此仅呈现组间对比结果及其与句子类型的交互作用结果。

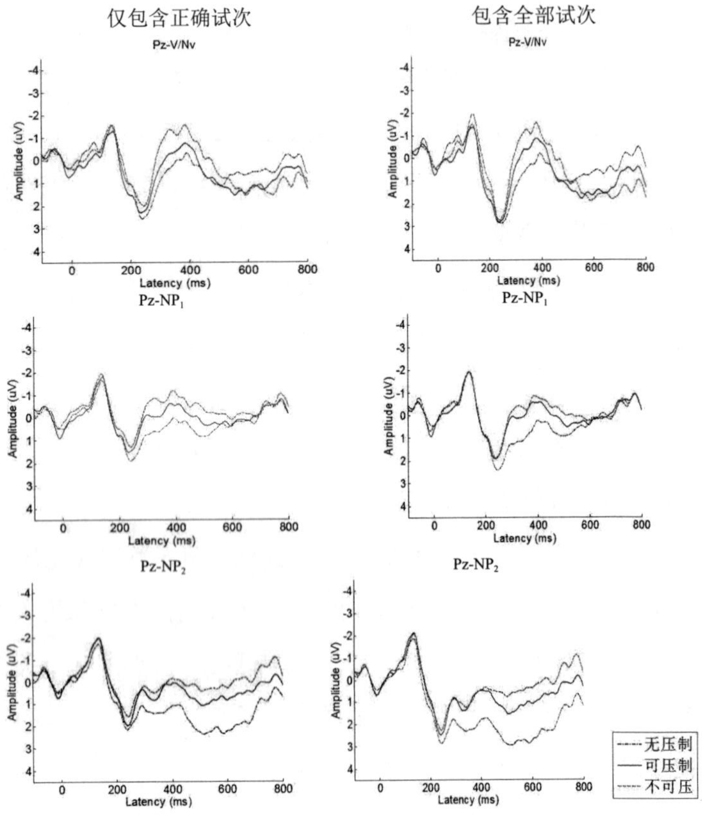

图4-4　Pz电极两组试次类型数据对比图

表4-3　三个关键词后N400、P600时间窗口组间重复测量方差分析结果

	p	
	试次类型主效应	试次类型与句子类型交互作用
"V/Nv+了"后300～500 ms	.845	.951
"V/Nv+了"后600～800 ms	.658	.702
NP_1后300～500 ms	.688	.733
NP_2后300～500 ms	.260	.760
NP_2后600～800 ms	.546	.736

各时间窗口内的重复测量方差分析结果显示，在“V/Nv+了”、NP_1、NP_2后300～500 ms 时间窗口及“V/Nv+了”、NP_2后600～800 ms之间时间窗口内，试次类型主效应（两组之间）均不显著（*ps*>.26），试次类型与句子类型之间交互作用均不显著（*ps*>.702）。统计结果表明，仅包含正确试次的数据与包含全部试次的数据之间没有显著差异，同时为了保证A、C两类句子的数据与B类可压制句数据的一致性，在之后的ERP实验数据分析中将保留全部试次。

4.7.2 实验二行为数据分析结果

行为数据主要考察被试完成判断的正确率和反应时。20名母语者被试A类句（可压制句）、C类句（不可压制句）两类句子的平均正确率均在80%以上，18名二语者被试两类句子的平均正确率在65%以上，所以共有20名母语者被试、18名二语者被试的数据得以保留。行为实验数据预处理的方式与实验一相同。母语者和英语为母语的汉语高水平二语者在三类条件下的反应时和正确率数据见表4-4。

两因素重复测量方差分析结果显示，正确率方面，句子类型主效应显著［F（2,72）=131.99，p<.000］，事后Bonferroni检验可得，三类句子之间两两差异显著（*ps*<.047），其中C类句（不可压制句）的正确率最高，B类句（可压制句）的正确率最低；母语背景主效应显著［F（1,36）=37.20，p<.000］，母语者的正确率显著高于二语者；句子类型和母语背景交互作用不显著［F（2,72）=.028，*ps*=.933］。反应时方面，句子类型主效应显著［F（2,72）=13.01，p<.000］，事后Bonferroni检验可得，B类句（可压制句）的

表4-4　实验二两组被试的行为正确率和反应时均值（M）与标准差（SD）

母语背景	句子类型	正确率M（SD）	反应时M（SD）
母语者（N=20）	无压制句	0.92（0.07）	542.34（181.36）
	可压制句	0.52（0.15）	607.25（190.45）
	不可压制句	0.98（0.03）	512.64（141.11）
汉语高水平二语者（N=18）	无压制句	0.76（0.12）	818.32（351.9）
	可压制句	0.36（0.21）	852.06（340.8）
	不可压制句	0.83（0.17）	773.12（323.3）

反应时显著长于A类句（无压制句）和C类句（不可压制句）（均为*ps*<.029），而A、C两类句子的反应时差异边缘显著（*p*=.053），其中C类句的反应时最短；母语背景主效应显著［F（1,36）=9.702，*p*<.004］，母语者反应时显著快于二语者；母语背景和句子类型之间的交互作用不显著［*F*（2,72）=.417，*p*=.661］。

上述行为数据表明，相比于A类句（无压制句）和C类句（不可压制句），B类句（可压制句）的判断更困难，表现为反应时最长、正确率最低，而A类句、C类句的判断相对容易，其中C类句的否反应判断最容易，表现为反应时最短、正确率最高；母语者的整体表现显著优于二语者。两组被试在三类条件的表现模式因交互作用不显著而呈现平行特征，对两组被试而言，正确率由高到低排序均为C不可压制句>A无压制句>B可压制句，反应时由快到慢排序均为C不可压制句>A无压制句>B可压制句。

4.7.3 实验二的ERP数据分析结果

4.7.3.1 总平均波形图

本书主要关注的脑电成分为N400和P600，其中N400主要分布在靠后脑区（Kutas & Hillyard，1980；Kutas & Federmeier，2011），而P600则主要集中在中央顶区（Osterhout & Holcomb，1992；刘燕妮，舒华，2003），因此，选择Cz和Pz电极作为代表电极，考察两组被试在加工三类不同句子时的平均波形图。

首先是“V/Nv+了”后，Cz和Pz电极点上两组被试在加工三类不同句子时的平均波形图见图4-5。

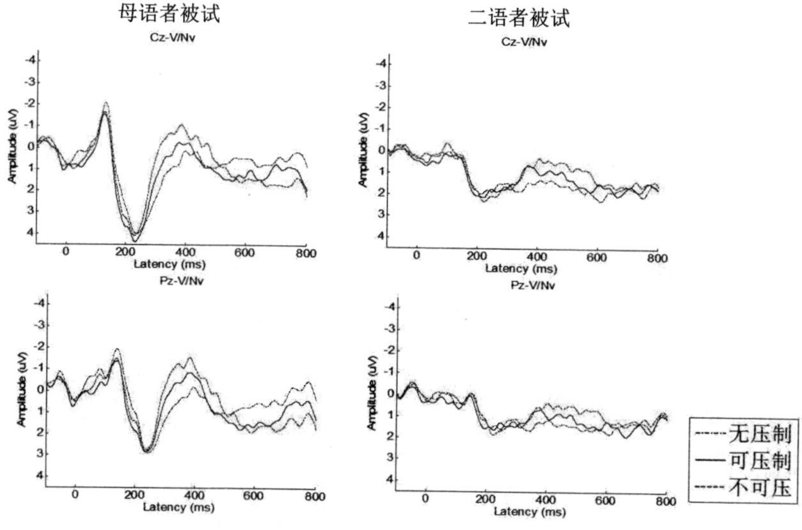

图4-5 实验二中“V/Nv+了”后总平均波形图

根据观察可见，母语者被试在加工三类句子时在动词后300～400 ms之间都出现了差异明显的N400[①]，且在500～800 ms之间也出现了差异明显的P600。而二语者被试则在动词后350～600 ms之间出现了差异明显的N400。母语者和二语者相同，C类句（不可压制句）的"Nv+了"都诱发了最大的N400，而A类句（无压制句）的"V+了"则诱发了最小的N400。不同的是，二语者所诱发的N400从时间上要晚于母语者。此外，母语者在加工B、C两类句子的"Nv+了"时，都诱发了明显的P600成分，而二语者被试则没有。

其次是NP_1后，Cz和Pz电极点上两组被试在加工三类不同句子时的平均波形图见图4-6。

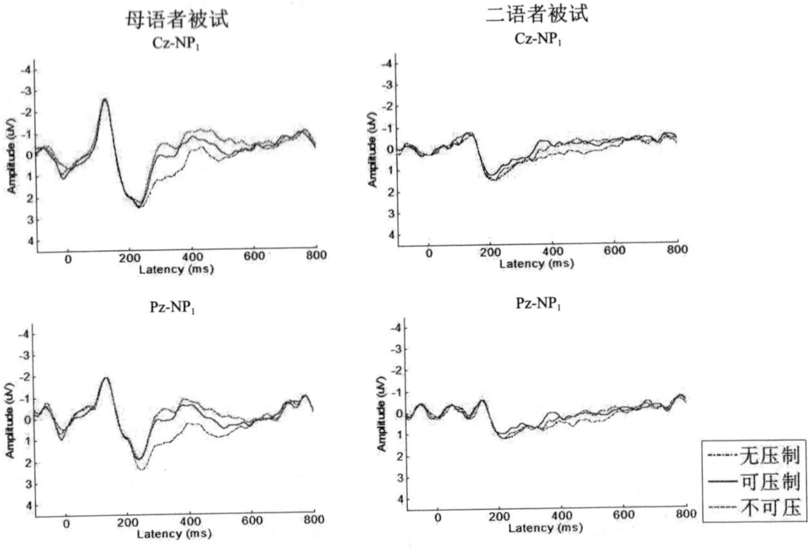

图4-6　实验二中NP_1后总平均波形图

① 这里所说的"N400""P600"只是为了说明当前所选时间窗口内可分析的"潜在对象"，其具体确认仍需要结合脑电地形图的分布。但为了方便指称，我们将300～500 ms时间窗口内的负走向波称为"N400"，600～800 ms时间窗口内的正走向波称为"P600"。

根据观察可知，NP_1后，两组被试B类句（可压制句）、C类句（不可压制句）都诱发了较大的N400成分，和A类句（无压制句）差异明显；不同的是，母语者所诱发的N400成分起始时间更早，持续时间更长。

最后是NP_2后，Cz和Pz电极点上两组被试在加工三类不同句子时的平均波形图见图4-7。

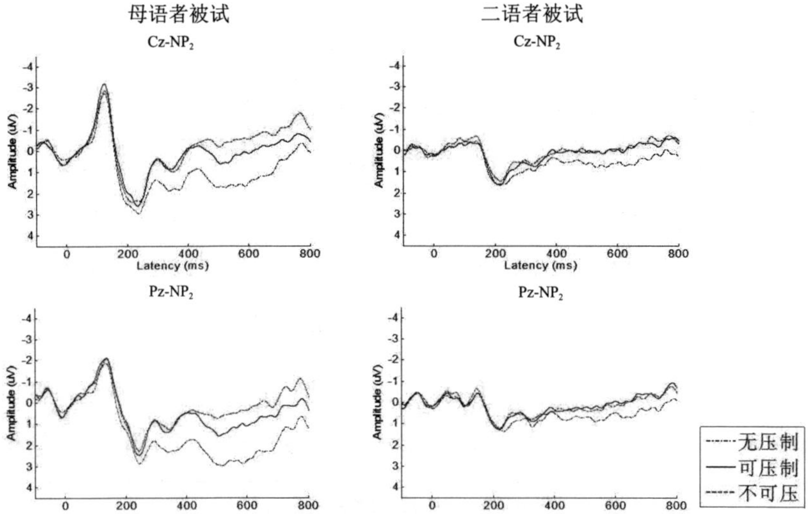

图4-7　实验二中NP_2后总平均波形图

根据观察可见，NP_2之后，母语者和二语者在加工A类句（无压制句）时都诱发了最大的P600。两组被试的不同之处在于，母语者在加工三类不同句子时，除了500～800 ms之间的P600差异明显之外，在250～500 ms时间窗口还诱发了差异明显的N400成分，且母语者被试在加工B类句（可压制句）和C类句（不可压制句）时，两类句子中NP_2诱发的N400（400～500 ms）、P600（500～800 ms）波形都有明显分离，而二语者被试在加工B、C两类句子时，其N400和

P600波形均无明显分离。

此外，母语者被试B类句（可压制句）的波形图在300～500 ms时间窗口出现了一个与C类句（不可压制句）分离并向A类句（无压制句）靠拢的趋势，因此NP_2后的N400分析，分成N400前后两个时间窗口：母语者为N400a（300～400 ms）、N400b（450～500 ms），二语者为N400a（450～500 ms）、N400b（500～550 ms）进行统计分析，以考察其变化趋势。

4.7.3.2 中线位置和兴趣区分析结果

“V/Nv+了”后中线位置和兴趣区统计检验

结合以往研究以及总平均波形图，母语者选取300～400 ms、二语者选取400～500 ms时间窗口进行被试间的对比统计。由于二语者在动词后未见明显的P600成分，因此仅对母语者的P600成分（选取570～800 ms）进行被试内的两因素（句子类型和中线位置/兴趣区）重复测量方差分析。

表4-5 实验二中“V/Nv+了”后N400中线位置（Fz、Cz、Pz）方差分析结果

方差分析内容	df（Degrees of Freedom）	*F*	*p*
母语背景	1,36	1.12	.298
句子类型	2,72	16.33	.000
中线位置	2,72	4.371	.033
母语背景×句子类型	2,72	1	.373
母语背景×中线位置	2,72	4.85	.024
句子类型×中线位置	4,144	.648	.564
母语背景×句子类型×中线位置	4,144	2.19	.104

对大脑中线位置的N400时间窗口做2（母语背景：母语者、二语者）×3（句子类型：A无压制句、B可压制句、C不可压制句）×3（大脑中线位置：Fz、Cz、Pz）三因素重复测量方差分析，结果（见表4-5）显示：句子类型主效应显著［*F*（2,72）=16.33，*p*=.000］，事后Bonferroni成对比较可知，三类句子中的“V/Nv+了”后的N400幅值两两差异显著（*ps*<.05），C不可压制句>B可压制句>A无压制句。中线位置的主效应显著［*F*（2,72）=4.371，*p*=.033］，事后Bonferroni 成对比较可知，Fz的N400幅值显著小于Cz和Pz（*ps*<.05），而Cz和Pz之间差异不显著（*p*=.201），说明大脑中线位置中后部诱发了更强的N400波幅。母语背景和中线位置交互作用显著［*F*（2,72）=4.85，*p*=.024］，说明母语者被试和二语者被试之间存在差别，简单效应分析结果显示，母语者被试Fz的N400幅值显著小于Cz和Pz（*ps*<.005），而Cz和Pz电极之间差异不显著（*p*=.102）；二语者被试则三个电极点两两差异不显著（*ps*=1）。结果表明，母语者大脑中后部诱发了最大的N400，而二语者中线位置各电极点之间的N400波幅没有差异。

表4-6　实验二中“V/Nv+了”后N400ROI方差分析结果

方差分析内容	df	*F*	*p*
母语背景	1,36	0.79	.38
句子类型	2,72	17.84	.000
ROI	3,108	5.77	.005
母语背景×句子类型	2,72	.85	.431
母语背景×ROI	3,108	3.60	.035
句子类型×ROI	6,216	2.85	.110
母语背景×句子类型×ROI	6,216	2.86	.031

对兴趣区做2（母语背景：母语者、二语者）×3（句子类型：A无压制句、B可压制句、C不可压制句）×4（ROI：左前、左后、右前、右后）三因素重复测量方差分析，结果（见表4-6）显示，句子类型主效应显著［F（2,72）=17.84，p=.000］，事后Bonferroni 成对比较可知，三类句子中“V/Nv+了”后诱发的N400两两差异显著（ps<.018），其中C类句（不可压制句）中的“Nv+了”诱发了最大的N400波幅，而A类句（无压制句）中的“V+了”后的N400波幅值最小。ROI主效应显著［F（3,108）=5.77，p=.005］。母语背景和ROI交互作用差异显著［F（3,108）=3.60，p=.035］，简单效应分析显示，母语者被试左前区的N400幅值最小，显著区别于其他三个区域（ps<.004），右后区最大，左后、右前介于两者之间，但右后、左后、右前三个区域两两差异不显著（ps>.065），二语者被试，则四个区域差异两两均不显著（ps=1）。母语背景、句子类型和ROI三重交互作用差异显著［F（6,216）=2.86，p=.031］，简单效应分析显示，母语者左前、左后、右后三个区域A类句（无压制句）显著区别于B、C两类句子（ps<.03），B、C两类句子之间差异不显著（ps>.071），在右前区域，C类句（不可压制句）显著区别于A类句（无压制句）和B类句（可压制句）（ps<.005），A、B两类句子之间差异不显著（p=1），二语者则四个区域表现相同，A类句显著区别于C类句（p<.021），B类句与A、C两类句子之间差异均不显著（ps>.193）。

“V/Nv+了”后N400（母语者：300～400 ms；二语者：400～500 ms）脑电地形图如图4-8所示。

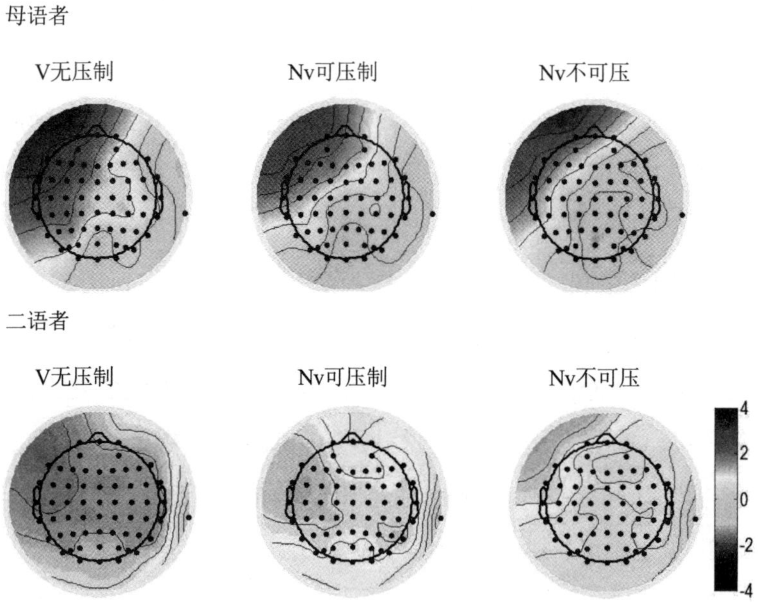

图4-8　实验二中“V/Nv+了”后N400脑电地形图

“V/Nv+了”后两组被试N400中线位置和ROI分析结果显示，母语者和二语者中线位置三类句子之间N400波幅两两差异显著，其中母语者大脑后部诱发了较大的N400，而二语者各脑区之间N400波幅差异不显著。

由于二语者“V/Nv+了”后未见明显的P600成分，因此仅对母语者的P600（570～800 ms）进行统计检验。

表4-7　实验二中母语者“V/Nv+了”后P600中线位置方差分析结果

方差分析内容	df	*F*	*p*
句子类型	2,38	5.698	.007
中线位置	2,38	.09	.811
句子类型×中线位置	4,76	1.123	.346

对母语者“V/Nv+了”中线位置P600做3（句子类型：A无压制句、B可压制句、C不可压制句）×3（中线位置：Fz、Cz、Pz）两因素重复测量方差分析，结果（见表4-7）显示，句子类型主效应显著［F（2,38）=5.698，p=.007］，事后Bonferroni 成对比较可知，C类句（不可压制句）中“Nv+了”后诱发了最大波幅的P600成分，显著区别于A类句（无压制句）中动词后的P600波幅（p=.006），而B类句（可压制句）中“Nv+了”后的P600的平均值虽然介于A、C两类句子之间（C：1.56>B：1.10>A：.514），但统计结果显示，B类句和A、C两类句子均无显著差异（ps>.256）。中线位置主效应不显著［F（2,38）=.09，p=.811］、中线位置与句子类型的交互作用不显著［F（4,76）=1.123，p=.346］。

表4-8　实验二中母语者“V/Nv+了”后P600ROI方差分析结果

方差分析内容	df	F	p
句子类型	2,38	6	.006
ROI	3,57	6.542	.003
句子类型×ROI	6,114	1.055	.381

“V/Nv+了”后对母语者P600做3（句子类型：A无压制句、B可压制句、C不可压制句）×4（ROI：左前、左后、右前、右后）两因素重复测量方差分析，结果（见表4-8）显示，句子类型主效应显著［F（2,38）=6，p=.006］，事后Bonferroni 成对比较可知，C类句（不可压制句）中“Nv+了”后诱发了最大波幅的P600成分，显著区别于A类句（无压制句）中动词后的P600波幅（p=.011），而B类句中“Nv+了”后的P600的平均幅值介于C类句和A类句之间

（C：1.258>B：.791>A：.425），统计结果显示，B类句与A、C两类句子中“V/Nv+了”后的P600波幅无显著差异（*p*>.21）。ROI主效应显著［*F*（3,57）=6.542，*p*=.003］，事后Bonferroni 成对比较可知，左前区域显著区别于左后和右后两个区域（*ps*<.035），左前区域边缘显著于右前区域（*p*=.054）；而左后、右前、右后三个区域的P600差异不显著。动词类型和ROI的交互作用不显著。

母语者“V/Nv+了”后P600（570～800 ms）脑电地形图见图4-9。

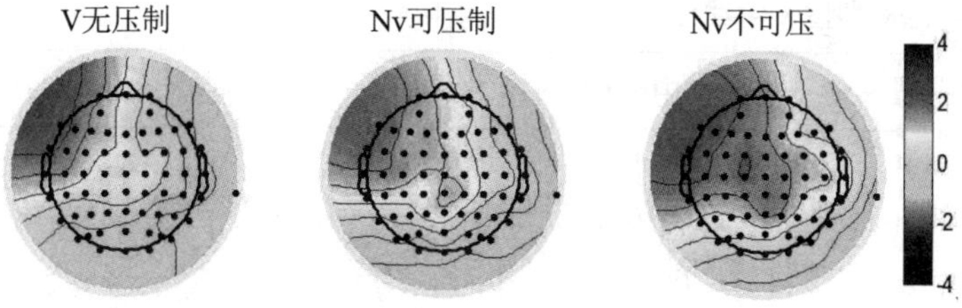

图4-9　实验二中母语者“V/Nv+了”后P600脑电地形图

“V/Nv+了”后母语者P600（570～800 ms）中线位置和ROI分析结果显示，母语者C类句（不可压制句）动词后诱发了最大的P600，显著区别于A类句（无压制句），而B类句（可压制句）介于两者之间，与两者差异均不显著，其中C类句（不可压制句）诱发了全脑分布的P600成分，左前区最强。

NP_1后中线位置和兴趣区统计检验

NP_1后的N400分析，母语者选取300～400 ms、二语者选取400～500 ms时间窗口进行统计检验。

NP_1后对大脑中线位置的N400时间窗口做2（母语背景：母语者、二语者）×3（句子类型：A无压制句、B可压制句、C不可压制句）×3（中线位置：Fz、Cz、Pz）三因素重复测量方差分析，结果（见表4-9）显示，句子类型主效应显著［*F*（2,72）

表4-9　实验二中NP_1后N400中线位置（Fz、Cz、Pz）方差分析结果

方差分析内容	df	*F*	*p*
母语背景	1,36	.185	.669
句子类型	2,72	18.308	.000
中线位置	2,72	372	.607
母语背景×句子类型	2,72	4.241	.025
母语背景×中线位置	2,72	3.107	.073
句子类型×中线位置	4,144	.49	.668
母语背景×句子类型×中线位置	4,144	1.814	.129

=18.308，p=.000］，母语背景和句子类型交互作用差异显著［F（2,72）=4.241，p=.025］，简单效应分析显示，母语者被试A类句（无压制句）的NP_1诱发了最小的N400，显著区别于B、C两类句子（ps=.000），B、C两类句子之间N400波幅差异不显著（p=.152），二语者被试则三种句子类型之间两两差异均不显著（ps>.064）。

表4-10　实验二中NP_1后N400ROI方差分析结果

方差分析内容	df	*F*	*p*
母语背景	1,36	1.37	.25
句子类型	2,72	18.279	.000
ROI	3,108	2.424	.099
母语背景×句子类型	2,72	4.432	.019
母语背景×ROI	3,108	.794	.045
句子类型×ROI	6,216	1.503	.21
母语背景×句子类型×ROI	6,216	1.27	.286

NP_1后对ROI的N400时间窗口做2（母语背景：母语者、二语者）×3（句子类型：A无压制句、B可压制句、C不可压制句）×4（ROI：左前、左后、右前、右后）三因素重复测量方差分析，结果（见表4-10）显示，句子类型主效应显著［F（2,72）=18.279，p=.000］，母语背景和句子类型交互作用差异显著［F（2,72）=4.432，p=.019］，随后的简单效应分析显示，母语者被试A类句（无压制句）的NP_1诱发了最小的N400，显著区别于B、C两类句子（ps=.000），B类句（可压制句）和C类句（不可压制句）之间差异不显著（p=.284），二语者被试则三种句子类型之间差异不显著（ps>.154）。中线位置和ROI分析结果一致。

NP_1后N400（母语者：300～400 ms；二语者：400～500 ms）脑电地形图如图4-10所示。

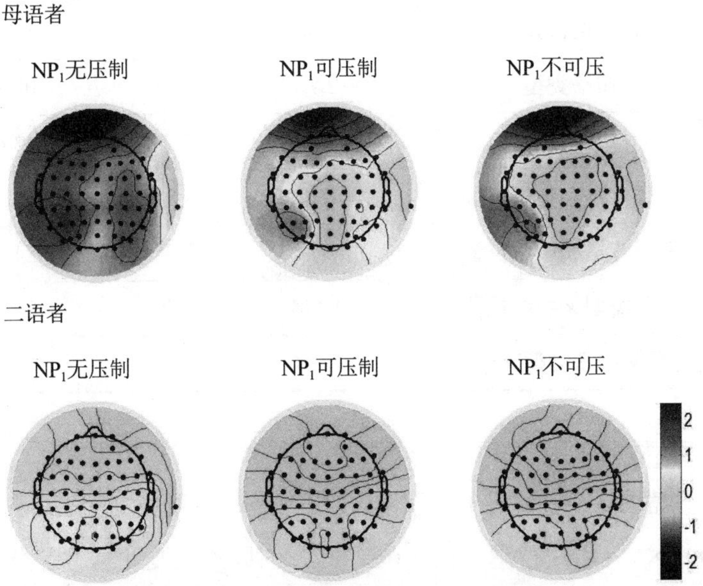

图4-10　实验二中NP_1后N400脑电地形图

NP_1后两组被试N400中线位置和ROI分析结果显示，母语者B类句（可压制句）、C类句（不可压制句）都诱发了较大的N400，显著区别于A类句（无压制句）；二语者则三类句子之间没有差异。

NP_2后中线位置和兴趣区统计检验

根据总平均波形图，明显可见母语者被B类句（可压制句）的波形图在300～500 ms时间窗口出现了一个与C类句（不可压制句）分离并向A类句（无压制句）靠拢的趋势，因此NP_2后的N400分析，分成N400前后两个时间窗口：母语者为N400a（300～400 ms）、N400b（450～500 ms），二语者为N400a（450～500 ms）、N400b（500～550 ms）进行统计分析，以考察其变化趋势。

表4-11　实验二中NP_2后N400a中线位置（Fz、Cz、Pz）方差分析结果

方差分析内容	df	F	p
母语背景	1,36	2.496	.123
句子类型	2,72	16.87	.000
中线位置	2,72	2.18	.139
母语背景×句子类型	2,72	3.247	.052
母语背景×中线位置	2,72	1.458	.240
句子类型×中线位置	4,144	.171	.886
母语背景×句子类型×中线位置	4,144	1.511	.222

NP_2后对大脑中线位置的N400a时间窗口做2（母语背景：母语者、二语者）×3（句子类型：A无压制句、B可压制句、C不可压制句）×3（中线位置：Fz、Cz、Pz）三因素重复测量方差分析，结果（见表4-11）显示，句子类型主效应显著［F（2,72）=16.87，

p=.000］，母语背景和句子类型交互作用差异边缘显著［F（2,72）=3.247，p=.052］。随后的简单效应分析显示，母语者被试A类句（无压制句）的NP_2在300～400 ms时间窗口诱发了最小的N400，显著区别于B、C两类句子（ps=.000），后两者之间差异不显著（p=1）；二语者被试A类句波幅小（均值为：.466，SD=.482），C类句（不可压制句）波幅最大（均值为：-.041，SD=.522），B类句（可压制句）介于两者之间（均值为：.066，SD=.446），但统计结果显示三种句子类型之间差异不显著（ps>.109）。

表4-12　实验二中NP_2后N400aROI方差分析结果

方差分析内容	df	F	p
母语背景	1,36	3.132	.085
句子类型	2,72	10.74	.000
ROI	3,108	2.204	.123
母语背景×句子类型	2,72	6.855	.021
母语背景×ROI	3,108	.491	.597
句子类型×ROI	6,216	1.22	.306
母语背景×句子类型×ROI	6,216	.438	.756

NP_2后对ROI的N400a时间窗口做2（母语背景：母语者、二语者）×3（句子类型：A无压制句、B可压制句、C不可压制句）×4（ROI：左前、左后、右前、右后）三因素重复测量方差分析，结果（见表4-12）显示，句子类型主效应显著［F（2,72）=10.74，p=.000］，母语背景和句子类型的交互作用显著［F（3,108）=6.855，p=.021］，简单效应分析显示，母语者被试A类句（无压制

句）的NP_2在300～400 ms时间窗口诱发了最小的N400，显著区别于B、C两类句子（*ps*=.000），B类句（可压制句）和C类句（不可压制句）之间差异不显著，二语者被试则三种句子类型之间差异不显著（*ps*>.898）。

NP_2后N400a（母语者：300～400 ms；二语者：400～500 ms）脑电地形图如图4-11所示。

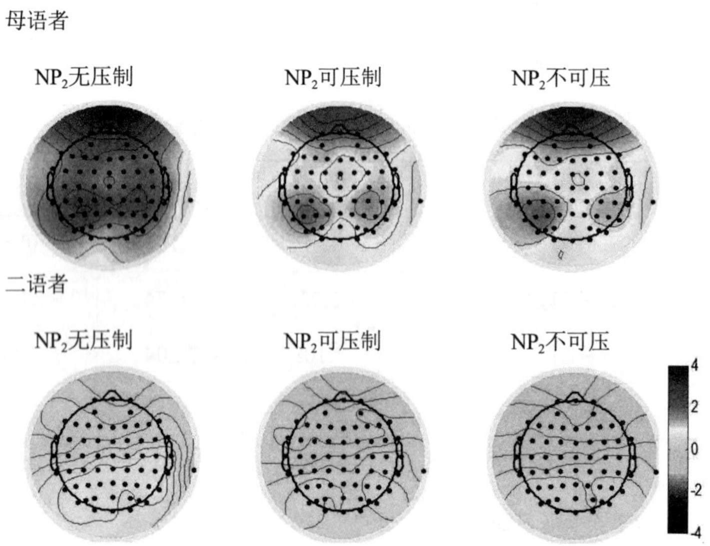

图4-11　实验二中NP_2后N400a脑电地形图

NP_2后两组被试N400a中线位置和ROI分析结果显示，母语者A类句（无压制句）中NP_2后300～400 ms时间窗口内的N400显著小于B、C两类句子，而B类句（可压制句）、C类句（不可压制句）之间没有差异。二语者则三类句子之间没有显著差异。

NP_2后对大脑中线位置的N400b时间窗口做2（母语背景：母语者、二语者）×3（句子类型：A无压制句、B可压制句、C不可压制句）×3（中线位置：Fz、Cz、Pz）三因素重复测量方差分析，

表4-13　实验二中NP_2后N400b中线位置（Fz、Cz、Pz）方差分析结果

方差分析内容	df	*F*	*p*
母语背景	1,36	1.297	.262
句子类型	2,72	32.671	.000
中线位置	2,72	16.34	.000
母语背景×句子类型	2,72	9.43	.000
母语背景×中线位置	2,72	4.249	.031
句子类型×中线位置	4,144	1.836	.151
母语背景×句子类型×中线位置	4,144	.586	.674

结果（见表4-13）显示，句子类型主效应显著［*F*（2,72）=32.671，*p*=.000］，母语背景和句子类型交互作用差异显著［*F*（2,72）=9.43，*p*=.000］，简单效应分析显示，母语者被试NP_2后450～500 ms时间窗口三类句子诱发的N400波幅两两差异显著（*ps*<.018），其中C类句（不可压制句）波幅最大（均值为：-.128），A类句（无压制句）的波幅最小（均值为：1.743）；二语者被试NP_2后500～550 ms时间窗口，C类句（不可压制句）波幅最大（均值为：.036），A类句的波幅最小（均值为：.574），但统计结果显示三种句子类型之间差异不显著（*ps*>.069）。中线位置主效应显著［*F*（2,72）=16.34，*p*=.000］。母语背景和中线位置交互作用显著［*F*（2,72）=4.249，*p*=.031］，随后的简单效应分析显示，母语者被试在Pz电极点上诱发了最小的N400波幅，显著区别于Fz和Cz（*ps*=.000），Fz和Cz之间差异不显著（*p*=1）。而二语者被试三个电极点上的差异均不显著（*ps*>.068）。

表4-14　实验二中NP_2后N400bROI方差分析结果

NP_2后N400bROI方差分析	df	*F*	*p*
母语背景	1,36	3.877	.057
句子类型	2,72	26.614	.000
ROI	3,108	13.41	.000
母语背景×句子类型	2,72	7.165	.001
母语背景×ROI	3,108	3.21	.049
母语背景×ROI	6,216	2.977	.021
母语背景×句子类型×ROI	6,216	.606	.658

NP_2后对大脑中线位置的N400b时间窗口做2（母语背景：母语者、二语者）×3（句子类型：A无压制句、B可压制句、C不可压制句）×4（ROI：左前、左后、右前、右后）三因素重复测量方差分析，结果（见表4-14）显示，母语背景主效应边缘显著［F（1,36）=3.877，p=.057］。句子类型主效应显著［F（2,72）=26.614，p=.000］，母语背景和句子类型交互作用显著［F（2,72）=7.165，p=.001］，简单效应分析结果显示，母语者被试三类句子之间两两差异显著（ps<.005），C类句（不可压制句）中NP_2后的N400波幅最大而A类句（无压制句）最小，二语者被试则三类句子之间差异不显著（ps>.063）。ROI主效应显著［F（3,108）=13.41，p=.000］。母语背景和ROI交互作用显著［F（3,108）=3.21，p=.049］，简单效应分析可知，母语者被试左前区域显著区别于左后区和右后区（ps<.006），和右前区差异不显著（p=1）；左后区显著区别于左前区和右前区（ps<.001）和右后区差异不显著（p=.106），表明母语者大脑前部区域诱发了较大的N400波幅；二语者被试则四个区域差异均不显著

（*ps*>.553）。句子类型和ROI交互作用显著［F（6,216）=2.977，*p*=.021］，简单效应分析可见，在左前区，A类句（无压制句）和B、C两类句子之间差异显著（*ps*<.002），B、C两类句子之间差异边缘显著（*p*=.054）；在左后区和右后区，A类句和B、C两类句子之间差异显著（*ps*<.001），而B、C两类句子之间差异不显著（*ps*>.05）；在右前区，三类句子之间两两差异显著（*ps*<.015）。

NP_2后N400b（母语者：450～500 ms；二语者：500～550 ms）脑电地形图如图4-12所示。

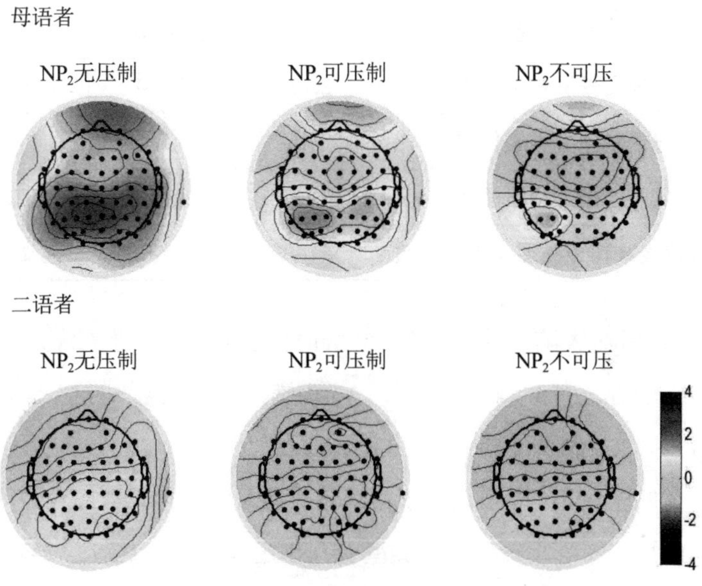

图4-12　实验二中NP_2后N400b脑电地形图

NP_2后两组被试N400b中线位置和ROI分析结果显示，母语者在N400b（450～500 ms）时间窗口内，大脑前中部区域，三类句子之间两两差异显著，母语者大脑前中部区域诱发了较大N400。二语者则三类句子之间两两差异不显著。

NP_2后P600中线位置和兴趣区统计检验

P600的时间窗口一般为600～800 ms，为了考察这一时间窗口内，不同句子类型的P600变化，将P600分为前后两个时间窗口：P600a（600～700 ms）和P600b（700～800 ms）进行统计分析。

表4-15　实验二中NP_2后P600a中线位置（Fz、Cz、Pz）方差分析结果

方差分析内容	df	*F*	*p*
母语背景	1,36	.521	.475
句子类型	2,72	23.484	.000
中线位置	2,72	14.032	.000
母语背景×句子类型	2,72	5.014	.011
母语背景×中线位置	2,72	9.326	.002
句子类型×中线位置	4,144	3.353	.023
母语背景×句子类型×中线位置	4,144	1.735	.146

NP_2后对大脑中线位置的P600a时间窗口做2（母语背景：母语者、二语者）×3（句子类型：A无压制句、B可压制句、C不可压制句）×3（中线位置：Fz、Cz、Pz）三因素重复测量方差分析，结果（见表4-15）显示，句子类型主效应显著［$F(2,72)=23.484$，$p=.000$］，母语背景和句子类型交互作用显著［$F(2,72)=5.014$，$p=.011$］，简单效应分析结果显示，母语者被试三类句子之间两两差异显著（$ps<.044$），其中A类句（无压制句）的P600a波幅最大，而C类句（不可压制句）最小，二语者被试则三类句子两两差异不显著（$ps>.07$）。中线位置主效应显著［$F(2,72)=14.032$，$p=.000$］，母语背景和中线位置交互作用显著［$F(2,72)=9.326$， *p*=.002］，简单效应分析结果显示，母语者被试三个电极点两两差异显著（*ps*<.018），而二语者被试则三个电极点上两两差异不显著（*ps*>.693）。中线位置和句子类型交互作用显著［*F*（4,144）=3.353，*p*=.023］，简单效应分析结果显示，对于A类句（无压制句），三个电极点之间两两差异显著（*ps*<.009），B类句（可压制句）和C类句（不可压制句）则Pz电极点上诱发了最大的P600成分，显著区别于Fz 和Cz（*ps*<.03），Fz和Cz电极之间差异不显著（*ps*>.692）。在三个电极点上，A类句诱发了最大的P600波幅，显著区别于B、C两类句子（*ps*<.002），而B、C两类句子之间差异不显著（*ps*>.201）。

表4-16　实验二中NP_2后P600aROI方差分析结果

方差分析内容	df	*F*	*p*
不用区分母语背景	1,36	1.306	.261
句子类型	2,72	22.936	.000
ROI	3,108	14.247	.000
母语背景×句子类型	2,72	5.073	.011
母语背景×ROI	3,108	9.213	.001
句子类型×ROI	6,216	2.837	.03
母语背景×句子类型×ROI	6,216	.717	.572

NP_2后对大脑中线位置的P600a时间窗口做2（母语背景：母语者、二语者）×3（句子类型：A无压制句、B可压制句、C不可压制句）×4（ROI：左前、左后、右前、右后）三因素重复测量方差分析，结果（见表4-16）显示，句子类型主效应显著［*F*（2,72）=22.936，*p*=.000］，句子类型和母语背景交互作用显著［*F*（2,72）

=5.073，*p*=.011]，简单效应分析结果显示，母语者被试三种句子类型之间两两差异显著（*ps*<.007）：A无压制句>B可压制句>C不可压制句；二语者被试A类无压制句P600波幅最大，边缘显著于B类句（可压制句）（*p*=.051），而C类句（不可压制句）与A、B两类句子均不显著（*ps*>.13）。ROI主效应显著[*F*（3,108）=14.247，*p*=.000]。ROI和母语背景交互作用显著[*F*（3,108）=9.213，*p*=.001]，简单效应分析结果显示，母语者被试左前区显著小于左后区和右后区（*ps*<.000），与右前区差异不显著（*p*=.095）；而右后区幅值最大，显著区别于右前区（*p*=.000），而与左后区差异不显著（*p*=1），结果表明，母语者被试大脑后部（左后和右后）P600a波幅最大，显著区别于前部区域（左前和右前）；二语者被试则四个区域差异均不显著（*ps*=1）。句子类型和兴趣区交互作用显著[*F*（6,216）=2.837，*p*=.03]，简单效应分析显示，左前区和左后区，A类句（无压制句）显著区别于B、C两类句子（*ps*<.002），而B、C两类句子之间差异不显著（*ps*<.336）；右前区三类句子之间两两差异显著（*p*<.028）；右后区A类句显著区别于B、C两类句子（*ps*<.000），而B、C两类句子之间差异边缘显著（*p*=.054）。

NP_2后P600a（600～700 ms）脑电地形图如图4-13所示。

NP_2后两组被试P600a中线位置和ROI分析结果显示，母语者在此时间窗口内三类句子之间的P600波幅两两差异显著，其中A类句（无压制句）的最大，C类句（不可压制句）的最小。二语者则A类句诱发了最大的P600，显著区别于B类句（可压制句），C类句则与A、B两类句子差异不显著。

对NP_2后更靠后的时间窗口的P600b（700～800 ms）进行中线位置和ROI统计分析。

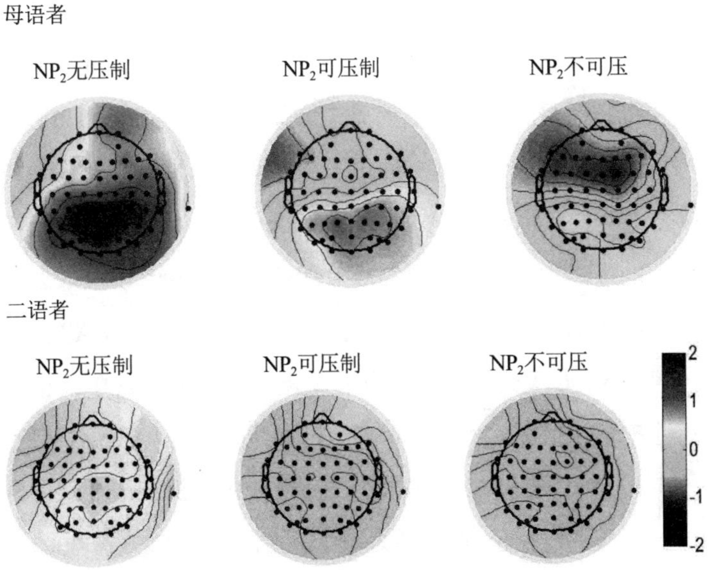

图4-13　实验二中NP_2后P600a脑电地形图

表4-17　实验二中NP_2后P600b中线位置（Fz、Cz、Pz）方差分析结果

方差分析内容	df	*F*	*p*
母语背景	1,36	.087	.77
句子类型	2,72	20.702	.000
中线位置	2,72	5.745	.012
母语背景×句子类型	2,72	3.224	.046
母语背景×中线位置	2,72	6.611	.007
句子类型×中线位置	4,144	1.965	.125
母语背景×句子类型×中线位置	4,144	1.347	.263

NP_2后对两组被试P600b时间窗口做2（母语背景：母语者、二语者）×3（句子类型：A无压制句、B可压制句、C不可压制句）×3

（中线位置：Fz、Cz、Pz）三因素重复测量方差分析，结果（见表4-17）显示，句子类型主效应显著［F（2,72）=20.702，p=.000］，句子类型和母语背景交互作用显著［F（2,72）=3.224，p=.046］，简单效应分析显示，母语者被试三种句子类型两两差异显著（ps<.017），其中A类句（无压制句）中NP_2后的P600b波幅最大，而C类句（不可压制句）的最小。二语者被试A类句中NP_2后的P600b波幅最大，显著区别于C类句（p=.027），而B类句（可压制句）则介于A类句和C类句之间且与A、C两类句子差异均不显著（ps>.095）。中线位置主效应显著［F（2,72）=5.745，p=.012］，中线位置和母语背景交互作用显著［F（2,72）=6.611，p=.007］，简单效应分析结果显示，母语者被试，Pz电极的P600b波幅最大，显著区别于Fz和Cz（ps<.003），而Fz和Cz之间差异不显著（p=1）；二语者被试则三个电极点之间差异均不显著（ps=1）。

表4-18　实验二中NP_2后P600bROI方差分析结果

方差分析内容	df	F	p
母语背景	1,36	.011	.918
句子类型	2,72	20.495	.000
ROI	3,108	4.75	.015
母语背景×句子类型	2,72	3.616	.033
母语背景×ROI	3,108	6.382	.001
句子类型×ROI	6,216	3.244	.005
母语背景×句子类型×ROI	6,216	1.024	.392

NP_2后两组被试P600b时间窗口做2（母语背景：母语者、二语者）×3（句子类型：A无压制句、B可压制句、C不可压制句）×4（ROI：左前、左后、右前、右后）三因素重复测量方差分析，结果（见表4-18）显示，句子类型主效应显著［F（2,72）=20.495，p=.000］，句子类型和母语背景交互作用显著［F（2,72）=3.616，p=.033］，简单效应分析可得，母语者被试三类句子之间两两差异显著（ps<.026），A无压制句>B可压制句>C不可压制句；二语者被试A类句（无压制句）中NP_2后的P600b波幅显著高于C类句（不可压制句）（p=.04），而B类句（可压制句）介于A类句和C类句之间，与两者差异都不显著（ps>.067）。ROI主效应显著［F（3,108）=4.75，p=.015］，ROI和母语背景交互作用显著［F（3,108）=6.382，p=.001］，简单效应分析结果显示，母语者被试左后区和右后区波幅分别显著高于左前区和左后区（ps>.025），而左后区与右后区（p=1）、左前区和右前区（p=1）差异均不显著，表明母语者被试后部脑区诱发了较大的P600b；二语者被试则四个区域差异两两均不显著（ps=1）。句子类型和兴趣区交互作用显著［F（6,216）=3.244，p=.005］，简单效应分析结果显示，左前区，A类句显著区别于C类句（p=.000），与B类句之间的区别边缘显著（p=.051），而B、C两类句子之间差异不显著（p=.082）；左后区，A类句显著区别于B、C两类句子（ps>.001），而B、C两类句子之间差异不显著（p=.264）；右前区和右后区，三类句子之间两两差异显著（ps<.013），说明句子类型效应受到脑区分布的影响，相比于左侧脑区，右侧脑区的句子类型效应更大，尤其是右前部脑区（相比于右后区，右前区句子类型之间差异的显著性水平更高）。

NP_2后两组被试P600b（700～800 ms）脑电地形图如图4-14所示。

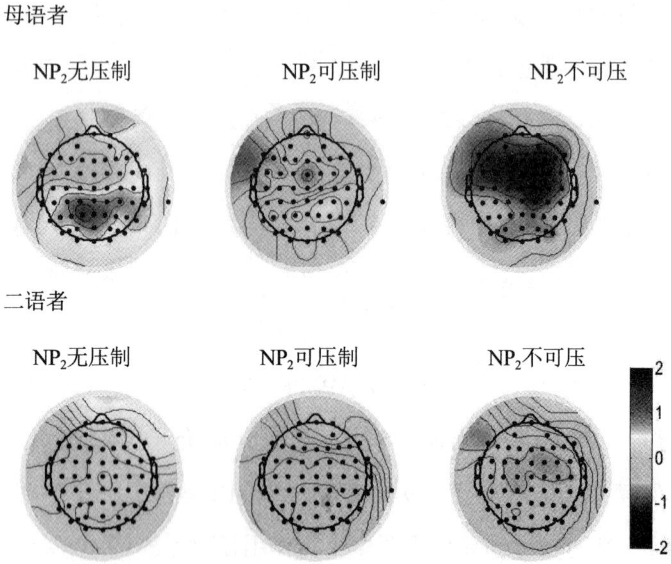

图4-14　实验二中NP_2后P600b脑电地形图

NP_2后两组被试P600b中线位置和ROI分析结果显示，母语者三类句子之间的P600波幅差异显著，A 类句（无压制句）诱发了最大的P600，C类句（不可压制句）的P600最小；二语者则A类句显著区别于C类句，B类句（可压制句）与A、C两类句子之间差异不显著。

4.7.3.3　实验二中线位置和兴趣区主要分析结果小结

由于实验二中有三个关键词，关键词后的N400或/和P600的时间窗口又做了进一步划分，因此实验数据结果比较多。现将实验二中两组被试关键词后N400或/和P600时间窗口内ERP数据分析的主要结果总结如下，见表4-19。

表4-19　实验二中各关键词后N400或/和P600数据分析结果

<table>
<tr><th>被试</th><th>关键词</th><th colspan="2">N400</th><th colspan="2">P600</th></tr>
<tr><td rowspan="4">母语者</td><td>V/Nv+了</td><td colspan="2">N400（300～400 ms）：C不可压制句>B可压制句>A无压制句</td><td colspan="2">P600（570～800 ms）：C不可压制句>A无压制句，B可压制句介于A无压制句和C不可压制句之间，与A、C两类句子差异都不显著</td></tr>
<tr><td>NP_1</td><td colspan="2">N400（300～400 ms）：C不可压制句=B可压制句>A无压制句</td><td colspan="2"></td></tr>
<tr><td rowspan="2">NP_2</td><td>N400a（300～400 ms）</td><td>N400b（450～500 ms）</td><td>P600a（600～700 ms）</td><td>P600b（700～800 ms）</td></tr>
<tr><td>N400a：C不可压制句=B可压制句>A无压制句</td><td>N400b：C不可压制句>B可压制句>A无压制句</td><td>P600a：A无压制句>B可压制句>C不可压制句（C类句无P600）</td><td>P600b：A无压制句>B可压制句>C不可压制句（C类句无P600）</td></tr>
<tr><td rowspan="2">二语者</td><td>V/Nv+了</td><td colspan="2">N400（400～500 ms）：C不可压制句>B可压制句>A无压制句</td><td colspan="2"></td></tr>
<tr><td>NP_1</td><td colspan="2">N400（400～500 ms）：C不可压制句=B可压制句=A不可压制句</td><td colspan="2"></td></tr>
</table>

被试	关键词	N400		P600	
二语者	NP_2	N400a（450～500 ms）	N400b（500～550 ms）	P600a（600～700 ms）	P600b（700～800 ms）
		N400a：C不可压制句=B可压制句=A无压制句	N400b：C不可压制句=B可压制句=A无压制句	P600a：A无压制句>B可压制句，C不可压制句介于A、B之间，与A、B两类句子差异都不显著	P600b：A无压制句>C不可压制句，B可压制句介于A、C之间，与A、C两类句子差异都不显著

说明：“>”表示显著大于，“=”表示差异不显著

4.7.4 实验二中二语者纸笔评定、翻译材料分析

实验结束后，选取了实验二中B类句（可压制句）、C类句（不可压制句）各5个，共10个（参见附录D），采用五分量表请11名高级汉语水平的二语者（未参加本书的所有实验）对10个句子的语法正确性进行评分，并对其认为语义可以理解的句子进行翻译。结果发现二语者对B、C两类句子的句法评分都非常低：B类句平均得分为2.07分，C类句平均得分为1.03分。58.4%的二语者正确地翻译了B类句，而只有1.8%的二语者被试对C类句进行了翻译。这一结果表明，多于一半的二语者可以正确理解B类句。值得注意的是，有5名被试翻译了B类句“妈妈电报了小王一件事儿”，其中一位被试对句子结构理解正确，但对“电报”的词义理解错误，将句子翻译为“The mather emailed Wang about a matter.”，似乎表明被试可以依靠结构的意义猜测其中名转动词的意义。

4.8 实验二数据分析主要结果讨论

4.8.1 “V/Nv +了”后N400或/和P600指标数据结果

实验二在“V/Nv+了”后发现两组被试在加工三类句子时均诱发了差异显著的N400波幅。一般认为，N400代表了一种语义加工，其潜伏期代表了加工的时间进程，波幅代表了加工的难易程度。库塔斯和希利亚（1980）最早发现了语义违反诱发的N400效应，随后的众多研究发现，N400的波幅受到多种因素的影响，如完形的可能性、语义启动、词频等（Federmeier, et al.，2007；Federmeier，2009；Van Petten & Kutas，1990；Kutas，2010）。实验一中两组被试“V/Nv+了”后都诱发了差异显著的N400波幅，其中C类句（不可压制句）的最大，A类句（无压制句）的最小，B类句（可压制句）介于两者之间，三类句子之间两两差异显著。在实验材料中，控制了三类句子中V/Nv 的词频、笔画数，A类句谓语由三价动词充当，B、C两类句子的谓语由名转动词充当。已有研究表明，虽然汉语中名词和动词没有词形变化，但汉语中仍存在名动分离机制，并且两者在语义上的差别是造成名动分离的根本原因（张钦等，2003；Liu & Weeks，2007）。由于Nv后带有明显的动词标记“了”，因此B、C两类“Nv+了”后诱发了更大的N400，而A类句诱发的N400波幅最小。B、C两类Nv的差异在于，B类可压制Nv多表示动作或事件实现的方式、工具，其物性角色或功能可见性决定了B类Nv更适宜充当动词，汉语中也有很多类似的名转动词用法，如“百度了一下”“微信她”等，而C类不可压制Nv的物性角色或其功能可见性决定了C类Nv不太适宜充当动词，汉语中也从未出现过类似“饭店了”“图书了”的用法，且Nv之后的“了”作为动词的句法标志，更表明Nv在句中的功能是充当句子的谓语中心，因此C类不可压制“Nv+了”诱发了最大波幅的N400，而B类可压制“Nv+了”的N400波幅介于A、C之间，与A、C两类句子差异显著。这一结果表明母语者和二语者都能觉察到三类V/Nv语义上的差异。

P600，又叫作句法正漂移（Syntactic Positive Shift, SPS），主要出现在关键词之后500～800 ms，其头皮分布主要集中于中央顶区（Osterhout & Holcomb，1992；刘燕妮，舒华，2003）。P600与句法加工有关，短语结构、句子成分位置、动词时态、单复数一致、性别一致等违反，以及句法类别歧义都会诱发P600效应（刘燕妮，舒华，2003；杨玉芳，2015：198）。对没有句法错误但是句法结构比较复杂的句子进行加工时，也发现了P600效应（Osterhout & Holcomb，1994）。除此之外，P600还与句子加工的完成程度有关，P600并不是句法加工的特异性指标（韩宗义，吕勇，白学军，2007；Liu, et al.，2010；Gouvea, et al.，2010）。

“V/Nv +了”后，母语者大脑左前区域在600～800 ms时间窗口诱发了差异显著的P600，C类句（不可压制句）中 “Nv+了”的P600波幅最大，显著区别于A类句（无压制句）中的“V+了”，而B类句（可压制句）中的“Nv+了”则介于两者之间，与A类句、C类句的差异均不显著。我们认为动词后诱发的P600与句法加工有关，是由词类信息违反带来的。B、C两类句子是名词充当动词，存在句法违反，加之C类句中Nv的物性角色特征决定了该类Nv最不可能充当动词，因此，C类句“Nv+了”诱发了最大的P600，A类句中动词充当谓语中心，未见明显的P600成分。B类句介于A类句和C类句之间，与A、C两类句子差异均不显著，原因在于B类句中可压制的Nv虽然存在句法冲突，但其物性角色使其有可能充当动词，因此B类句（可压制句）诱发的P600介于A、C之间，与两者之间差异不显著。

本书中“V/Nv +了”后母语者诱发的P600主要分布在大脑左前侧区域，不同于以往研究中P600中央顶区的分布（Friederici，Pfeifer & Hahne，1993），但与刘友谊等（2010）以汉语成语为实验材料的研究中三种不一致条件诱发的P600分布相同。刘友谊等（2010）的研究发现，相比于“笑里藏刀”“笑里藏剑（同义词替换）”“笑里藏房（语义违反）”“笑里藏投（句法语义双违反）”中末尾词诱发了更大的分布于大脑左前区域的P600，并认为与汉语成语的特点有关——有更紧凑的结构和更完整的意义，在字面意义的总和之外还有一个整体的意义，相比于其他句子的加工，是一个高限制语境。费德迈尔（Federmeier）等（2007）也发现在高限制的语境下违反预期的词语在刺激后500～900 ms诱发了分布于大脑左前部的正波。本书选取的双宾句作为一个整体构式，与成语类似——固定的结构（$V+NP_1+NP_2$）和字面意义之外的整体意义（传递义），同属于高限制语境，因此母语者“V/Nv+了”后，B、C两类Nv诱发了左前区分布的P600。

4.8.2 NP_1后N400指标数据结果

在NP_1后，母语者三类句子之间也都出现了波幅差异显著的N400，B、C两类句子都诱发了较大的N400，显著区别于A类句（无压制句）。一般认为对句子的理解加工是一个渐增式的理解过程（Michael，Ken & Marc，2012：115），当母语者遇到NP_1时需要将NP_1与之前的成分进行整合，A类句（无压制句）作为三价动词构成的双宾句，其NP_1能够顺利地与之前的成分进行整合，而B、C两类句子作为名转动词句，其谓语中心由“Nv+了”充当，虽然B类可压制Nv更适宜充当动词，但其中的Nv作为名转动词，后面一般不会出现表人的名词做宾语，故B、C两类句子的NP_1在此阶段均无法与之前的成分进行整合，从而诱发了较大的N400，显著区别于A类句。加之此时整个句子尚未加工完成，整个双宾句的构式义与句中成分的互动尚未有效体现，无法对其中“Nv+了”的句法语义冲突进行压制，因此B、C两类句子之间并无差异。与母语者不同，二语者三类NP_1诱发的N400波幅没有显著差异，表明二语者在此阶段仅对NP_1本身的语义进行了加工，未能与之前已加工的成分进行快速有效地整合。

4.8.3 NP_2后N400或/和P600指标数据结果

NP_2后母语者各条件之间N400波幅差异显著，且B类句（可压制句）的波形走向出现明显变化。在300～400 ms时间窗口内，B类句与C类句（不可压制句）的波幅差异不显著，都显著大于A类句（无压制句）。300～400 ms时间窗口内，三类句子N400波幅差异的表现模式与NP_1后的相同，表明母语者被试开始对NP_2进行语义加工的同时将其与之前已加工的成分进行整合，由于B、C两类句子中Nv存在句法和语义冲突，因此B、C两类句子中NP_2的加工诱发了较大的N400，而A类句作为三价动词句，NP_1和NP_2都能顺利地与动词进行语义整合，因此NP_2后的N400波幅最小。但从400 ms开始，B类句开始与C类句分离，在450～500 ms时间窗口内完成分离，统计结果显示，450～500 ms时间窗口内B类句波幅显著小于C类句。B、C两类句子的唯一差别在于Nv的不同，B类可压制Nv与双宾构式义可形成互动，因此可以与双宾句进行语义整合；而C类不可压制Nv与双宾构式义对成分的要求不匹配，无法与双宾句进行语义整合，因此可以认为在400～450 ms时间窗口内，母语者被试将双宾构式义与B类可压制Nv中与构式义相一致的语义特征进行整合，对其中Nv的句法语义冲突进行了部分压制，从而使得B类可压制句的波幅在此阶段有了明显的下降，显著区别于C类不可压制句。二语者加工三类NP_2时在400～550 ms时间窗口内（包括N400a和N400b）各条件之间差异不显著，由于三类句子的NP_2完全相同，据此可推测，二语者在此时间窗口内仅对NP_2本身进行语义加工，并未将其与之前已加工的成分进行语义整合。

NP_2后两组被试都诱发了差异显著的P600。在P600（包括P600a和P600b）时间窗口内，母语者三类句子之间的P600波幅两两差异显著，A类句（无压制句）诱发的P600波幅最大，B类句（可压制句）诱发了较小的P600，而C类句（不可压制句）则未见明显的P600效应。以往研究表明，P600与句子加工的完成程度有关（韩宗义，吕勇，白学军，2007；Gouvea, et al.，2010），沙赫特（Schacht）等（2014）认为P600表示了一个具体的与句子结构相关的加工，其加工基于之前激活的句子内容（可能是语义的或句法的，也可能都是），如果无法通达，则不能诱发P600。本书中，A类句作为三价动词构成的双宾语，句法语义都没有冲突，可以顺利进行完整的结构和语义整合，因A类句NP_2后P600波幅最大。B类句中“Nv+了”虽然存在句法语义冲突，但B类可压制Nv与构式义相契合，构式义可以对Nv的句法语义冲突进行部分压制完成句子整合，因此B类句同样诱发了P600，但相比于动词构成的双宾句，B类句诱发的P600波幅明显小于A类句。C类句中Nv的语义特征与构式义不一致，双宾构式义无法对C类不可压制“Nv+了”中的句法语义冲突进行压制，“Nv+了”和NP_1、NP_2之间无法进行整合，未能形成关于句子结构的表征，因此没有诱发P600。与母语者相同，二语者也是A类句诱发了最大的P600成分，表明二语者也对动词构成的双宾句进行了完整的句子整合。在NP_2后600～700 ms（P600a）时间窗口内，B类句诱发的P600最小，显著区别于A类句，似乎表明二语者认为B类句最不可能完成句子的整合，但到了700～800 ms（P600b）时间窗口内，C类句的P600成分最小，显著区别于A类句，表明在700～800 ms时间窗口内二语者认为C类句最不可能完成句子的整合，这一变化表明二语者应该是在P600b（700～800 ms）时间窗口内才能觉察到C类句对构式义的违反，而B类句与A、C两类句子差异均不显著，则表明二语者未能对B类可压制句成功进行压制。

4.9 实验二主要结果总结

4.9.1 母语者对活用名转动词双宾构式压制句加工的时间进程

母语者B类可压制句中的“Nv+了”后诱发了显著的N400效应，大于A类无压制句中的动词，但小于C类不可压制“Nv+了”后的N400，这和V/Nv本身的语义特征有关。同时，动词后诱发了差异显著的P600效应，与句法违反有关，表明母语者在句子加工对动词的句法和语义特征都非常敏感。NP_1后的N400指标B类句（可压制句）与C类句（不可压制句）一致，显著大于A类句（无压制句），因为在整合过程中，B、C两类句子中“Nv+了”与之后出现的表人的名词NP_1都有一定冲突，而NP_1可以和A类无压制动词顺利整合。

在NP_2后，300～400 ms时间窗口内，B、C两类句子的N400波幅一样，显著大于A类句，表明在此时间窗口内母语者被试已经开始对NP_2进行初步的整合加工（A类句的最小），B、C两类NP_2的N400波幅差别不大，表明此时间窗口内母语者尚未将构式义与动词的语义特征进行整合。400 ms左右，B类句NP_2后的N400波形开始与C类句分离，向A类句靠拢。450～500 ms时间窗口内，B、C两类句子的N400波幅差异显著，C类句明显大于B类句，表明在此时间窗口内母语者已经将双宾构式义与B类可压制Nv中与构式义一致的成分语义特征进行了整合，句子语义可理解，从而使NP_2后的N400波幅有了明显的下降，但始终区别于A类句。在NP_2后出现了两两差异显著的P600效应，与句子结构是否完整加工有关，A类句的P600最大，B类句较小，而C类句则没有明显的P600，这一结果表明，母语者对A类句的整合加工最完整，对B类句进行了部分整合，而C类不可压制句则无法整合。

4.9.2 二语者对活用名转动词双宾构式压制句加工的时间进程

二语者动词后三类句子的N400差异与母语者相同，表明二语者和母语者一样，对V/Nv的语义特征敏感。但动词后二语者未见明显的P600（与句法违反有关），这一结果与二语加工中的浅结构假说（the shallow structure hypothesis）（Clahsen & Felser，2006a、2006b）一致，即晚期二语学习者在二语句法加工中更依赖词汇知识和语用知识。ERP研究中支持浅结构假说的证据之一是二语者缺少ELAN，另一个则是句法违反时二语者P600延迟或缺失（Clahsen & Felser，2006a）。NP_1后二语者三类句子之间未见明显的差异，表明二语者在此阶段仅对NP_1的语义进行了加工，尚未进行语义整合。NP_2后二语者整个N400时间窗口三类句子之间均未见显著的差异，只有在P600（包括P600a和P600b）时间窗口内，二语者A类句（无压制句）诱发了最大的P600，而B、C两类句子的P600不显著；在P600b（700～800 ms）时间窗口内C类句（不可压制句）的P600波幅最小。这表明二语者只对A类句（无压制句）进行了完整的整合加工，直到700 ms之后，才觉察到C类不可压制Nv对双宾构式的违反，而B类句（可压制句）处于两者之间，与两者差异均不显著。

尽管二语者离线的纸笔翻译任务显示有超过半数的二语者被试能够正确理解B类句（可压制句）的意义，但在线加工（实验二脑电数据）表明，二语者在强冲突双宾构式压制句的加工中未能成功快速提取构式义，并形成压制。不同于纸笔翻译任务中可以反复思考，句子的在线加工要求被试及时快速地整合各种信息。二语加工中，二语者的主要问题之一在于不能实时地整合各种不同的信息（Yuan，2018）。二语者在线加工中未能成功提取双宾构式义的另一个可能的原因，是构式义和动词之间的冲突过大，以至于二语者无法形成正确的句法表征。二语者对B类可压制句的句法正确性评分仅为2.07分，可能句法结构本身的过度违反也会阻碍构式义的提取。由于B、C两类句子中的NP_2后均未见差异明显的N400，因此，实验二中未能发现二语者在线加工过程中能够成功提取构式义并对可压制Nv中的句法语义冲突形成压制，完成语义整合的明显证据。

总之，实验二采用ERP技术采集母语者和二语者加工强冲突名转动词双宾构式压制句时“V/NV+了”、NP_1、NP_2三个关键词上的神经电生理数据，探讨强冲突双宾构式压制句加工过程中构式义与动词的互动过程及两组被试之间的异同。

ERP实验结果表明，汉语中存在独立于动词的双宾构式义，并且母语者和二语者在加工强冲突双宾构式压制句时表现出显著的差异。母语者能够提取（名转）动词的语义特征和句法特征，进行快速自动化整合，在NP_2后400～450 ms提取构式义，与（名转）动词中和构式义一致的语义特征整合，完成句子的语义理解。二语者的加工则表明他们更依赖于动词的语义特征，动词与NP_1和NP_2的整合加工明显慢于母语者，只有在NP_2最后的整合阶段（P600时间窗口内）才能够对A类句（无压制句）进行完整加工。由于B类句（可压制句）和C类句（不可压制句）中的NP_2后均未见差异明显的N400，因此未能发现二语者提取了汉语双宾构式义与可压制Nv进行语义整合的明显证据。

为此，在实验三中减弱了构式与动词之间的冲突，考察在弱冲突双宾构式压制句加工中，二语者是否能够提取双宾构式义，及构式义与动词的互动过程与母语者加工中构式义与动词的互动过程有何异同。

第 5 章　汉语给予义双宾句加工的 ERP 实验研究

5.1　实验目的

考察在给予义双宾句加工中，母语者和二语者对动词句法结构不合理的弱冲突双宾压制句的加工有何异同。

5.2　实验设计

采用2×3混合实验设计，包括以下两个自变量。

自变量1（母语背景）：母语者和二语者。

自变量2（句子类型）：无压制句（A类句）、可压制句（B类句）和不可压制句（C类句）。

自变量1母语背景为被试间变量，分为母语者被试和二语者被试。自变量2句子类型为被试内变量，分为3个水平：无压制句（A类句）、可压制句（B类句）和不可压制句（C类句）。A类句是三价给予义动词构成的双宾句，动词的参与者角色可以和构式的论元角色直接整合，代表了无需压制的水平，称为无压制句。B类句是二价/准三价动词构成的双宾句，进入句子时由于缺少介词或动词后的“给”而造成句法上的冲突，但语义上可以理解，动词与双宾构式传递又一致，代表了可压制的水平，称为可压制句。选择B类句（可压制句）的原因有二：1）这是二语者在习得过程中容易出现偏误的句子，句法错误但是语义可以理解；2）对这类句子的理解需要通过双宾构式义对句法上不匹配的动词进行构式压制。C类句中动词在句法和语义上都与双宾构式义冲突，构式义无法对冲突进行压制，称为不可压制句。

实验中的因变量为：V+了、NP_1、NP_2之后的N400和P600波幅。控制变量为V和NP_2的词频和笔画数，以及V和NP_2之间的语义关联度。

5.3 实验材料

实验材料共102句，分为三类。A类句（无压制句）依据袁毓林（1998，2010）、张国华（2011）、张斌（2010）等的研究选取34个三价给予义动词构成34个双宾句。B类可压制动词的选择首先依据的是施春宏（2017）《汉语准价动词的二语习得研究》中所列举的“HSK动态作文语料库”中出现的准三价动词12个[①]。仅12个B类动词不能满足脑电实验的基本数量，因此又依据袁毓林（1998，2010）等的研究选择了22个二价/准三价动词（实验三所有B类可压制动词见附录C），构成可压制的双宾句34个。C类句（不可压制句）则选取了34个语义和双宾构式的传递义相冲突的二价动词，构成34个不可压制句。C类不可压制句中的V和NP_2能够形成动宾搭配，但是V和NP_2之间不能插入接受者论元，即NP_2代表的事物不能通过动作V转移给NP_1，C类句违反了双宾构式义。脑电实验中，为了提高信噪比，34组共102个实验句重复一遍，共得204个实验句。

A类句（无压制句）和B类句（可压制句）的动词不同，其余主

① 包括捎、透露、吐露、解释、订购、写*、带*、推荐*、介绍*、讨论*、夸耀*、商量*。其中带“*”的是出现误例的7个动词。

要句法成分基本相同。C类句（不可压制句）中的V和NP_2与A、B两类不同。所有以人名为Ns和NP_1的句子，其Ns为“小李”，其NP_1为“小王”。

实验三材料[①]举例如下。

表5-1　实验三实验材料示例

组别	类型	实验材料	V词频	V笔画数	NP_2中心词词频	NP_2笔画数
1	A无压制句	小李给了小王一张卡片。	5.07	9	2.67	17
	B可压制句	小李写了小王一张卡片。	4.13	5		
	C不可压制句	小李升了小王一面国旗。	2.95	4	2.14	32
2	A无压制句	小李递了小王一份午饭。	2.33	10	3.15	18
	B可压制句	小李带了小王一份午饭。	4.49	9		
	C不可压制句	小李坐了小王一辆火车。	5.05	7	3.19	20

实验材料控制了V词频和笔画数、NP_2中心词的词频和NP_2笔画数、V和NP_2的语义关联度。语义关联度的评定采用与实验一相同的7分量表（1～7分），请20名大学生母语者（未参与本书中其他语料的评定）进行评定，A、B、C三类句子之间没有显著差异。

① 完整的实验材料见附录C

表5-2　三类V 和NP_2的词频、笔画数及V与NP_2语义关联度的均值（M）、标准差（SD）

条件	词频M（SD）		笔画数M(SD)		语义关联度M (SD)
	V	NP_2的中心词	V	NP_2	V–NP_2
无压制句	3.154（0.913）	3.514（1.060）	14.706（5.036）	20.559（4.541）	5.155（1.377）
可压制句	2.943（1.041）		14.765（6.863）		5.195（1.096）
不可压制句	2.956（1.062）	3.483（0.725）	14.353（5.999）	19.794（4.835）	5.459（1.038）

单因素方差分析显示，三类条件动词的词频差异不显著［F（2,99）=.467，p=.628>.05］，笔画数差异不显著［F（2,99）=0.047，p=.954>.05］；V和NP_2都可以形成语义搭配，且语义关联度差异不显著［F（2,105）=.708，p=.495>.05］。配对样本t检验显示，A类句（无压制句）、B类句（可压制句）与C类句（不可压制句）中NP_2的笔画数差异不显著［t（33）=.689，p =.496>.05］，两类NP_2的中心名词词频差异不显著［t（33）=.167，p=.869>.05］。

实验语料经拉丁方分为三个版本，每个版本的语料分别请大学生母语者各15名（未参与本书中其他语料的评定）评定其句法正确性和语义可理解性。评定方法与实验一相同，采用5分量表。实验材料中A类句（无压制句）的语义和句法得分都在4分及以上，C类句（不可压制句）的句法语义得分都在2分及以下，B类句（可压制句）的语义得分在2.5分及以上，句法得分3.5分以下。

为了避免被试在看到动词就形成双宾句的加工策略，实验三采用二价动词构成的单宾句作为填充材料，以确保被试无法在动词阶段就判断出整个句子的结构。选择了52个动词（不同于构成双宾句的动词），分别构成两种类型（定中短语做宾语、动宾补结构做谓语）正误对半的单宾句，共104个，作为填充句。全部实验材料共308个句子，填充句约占全部实验材料的三分之一。全部实验材料伪随机排列平衡顺序效应，同一动词构成的实验句不会连续出现，同一条件的句子不会连续出现3次及以上。整个实验完成需要30～40分钟。填充材料示例如表5-3。

表5-3　实验三填充材料示例

句子类型	序号	正确句	错误句
定中短语做宾语的单宾句	1	孩子爬上了爸爸的汽车。	孩子爬上了爸爸的天空。
	2	小李登上了一架飞机。	小李登上了一片天空。
动宾补短语做谓语的单宾句	1	小李找了小王好几次。	小李找了小王好几下。
	2	小李感谢了小王好几次。	小李感谢了小王好几批。

5.4　实验任务和过程

实验任务、句子呈现方式和实验过程与实验二相同。

5.5　被试

与实验一中的被试相同。

5.6 实验三数据分析

5.6.1 实验三行为数据分析结果

共有20名母语者被试、22名二语者被试参与实验三。母语者被试A类句（无压制句）、C类句（不可压制句）的反应正确率均在80%以上，但1名母语者的数据因脑电伪迹过多而被剔除，4名二语者的数据因为A、C两类句子的反应正确率低于60%而被剔除，最后进入数据分析的有效被试为母语者19名，二语者18名。

实验三行为数据预处理方式与实验一相同，母语者和二语者在三类条件下的反应时和正确率见表5-4。

表5-4 实验三两组被试行为正确率和反应时均值（M）与标准差（SD）

母语背景	句子类型	正确率M（SD）	反应时M（SD）
母语者（N=19）	无压制句	0.93（0.04）	492.03（44.90）
	可压制句	0.46（0.05）	596.54（49.81）
	不可压制句	0.97（0.03）	468.85（42.52）
高级汉语水平二语者（N=18）	无压制句	0.7（0.04）	617.38（47.33）
	可压制句	0.52（0.05）	686.11（52.50）
	不可压制句	0.79（0.03）	660.94（44.81）

两因素重复测量方差分析结果显示，正确率方面，母语背景主效应显著［F（1,35）=15.02，p=.001］，母语者的正确率显著高于二语者。句子类型主效应显著［F（2,70）=57.119，p<.000］，事后Bonferroni检验可得，B类句（可压制句）的正确率[1]显著低于A类

① 与实验一相同，可压制句的正确率即被试对于B类句的可接受度。

句（无压制句）和C类句（不可压制句）（ps=.000），A类句和C类句之间差异不显著（p=.248）。母语背景与正确率交互作用显著［F（2,70）=6.97，p=.003］，简单效应分析结果显示，A类句和C类句，母语者正确率显著高于二语者（ps=.000），但是对于B类句，两组被试的正确率差异不显著（p=.449）。反应时方面，母语背景主效应不显著［F（1,35）=3.75，p=.061］，句子类型主效应显著［F（2,70）=18.75，p=.000］，母语背景和句子类型之间的交互作用显著［F（2,70）=5.7，p=.011］，简单效应分析结果显示，母语者被试，B类句（可压制句）反应时显著长于其他两类句子（ps=.000），C类句（不可压制句）反应时最短，A类句（无压制句）和C类句的反应时差异不显著（p=.695）；二语者被试，A类句的反应时最短，显著区别于B类句（p=.025），边缘显著于C类句（p=.056），而B、C两类句子的反应时差异不显著（p=1）。

上述行为数据表明，对于两组被试而言，B类句（可压制句）的判断最困难，表现在B类句的反应时最长。不同的是，母语者被试，C类句（不可压制句）和A类句（无压制句）同样容易判断（反应时差异不显著，正确率差异不显著），而二语者被试，A类句最容易判断，C类句和B类句同样难以判断（反应时差异不显著）。母语者的整体表现显著优于二语者（母语者A、C两类句子的正确率显著高于二语者）。

5.6.2 实验三ERP数据分析结果

5.6.2.1 总平均波形图

与实验二相同，本书主要关注三个关键词后的N400/P600，因此，选择Cz和Pz电极作为代表电极，考察两组被试在加工三类不同句子时的平均波形图。

首先是“V+了”后，Cz和Pz电极点上两组被试在加工三类不同句子时的平均波形图如图5-1。

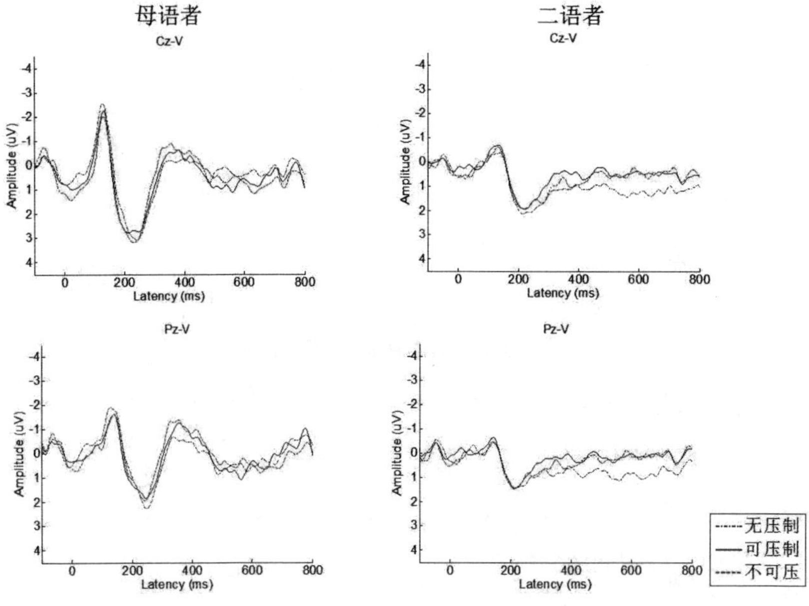

图5-1　实验三中“V+了”后总平均波形图

根据观察可见，母语者被试在加工三类不同句子时，动词后300～500 ms都出现了差异明显的N400成分，其中B类句（可压制句）和C类句（不可压制句）的波幅更大；在500～800 ms之间也出现了P600成分，但无明显差异。与母语者相同，二语者被试在300～500 ms之间也出现了明显差异的N400成分，B类句诱发的N400成分最大；在500～600 ms之间，仅有A类句（无压制句）中的动词诱发了较为明显的P600成分，而B、C两类句子则没有。

其次是NP_1后，Cz和Pz电极点上两组被试在加工三类不同句子时的平均波形图如图5-2。

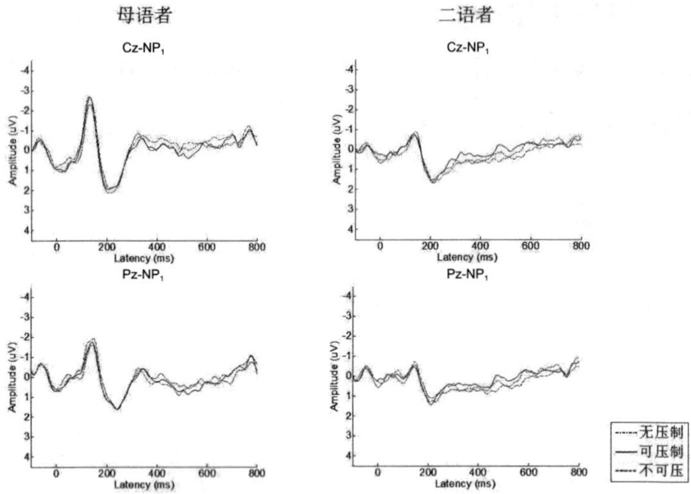

图5-2　实验三中NP_1后总平均波形图

根据观察可见，母语者和二语者在加工三类句子中的NP_1时，三类句子之间在300～400 ms时间窗口均未见明显差异。

最后是NP_2后，Cz和Pz电极点上两组被试在加工三类不同句子时的平均波形图如图5-3。

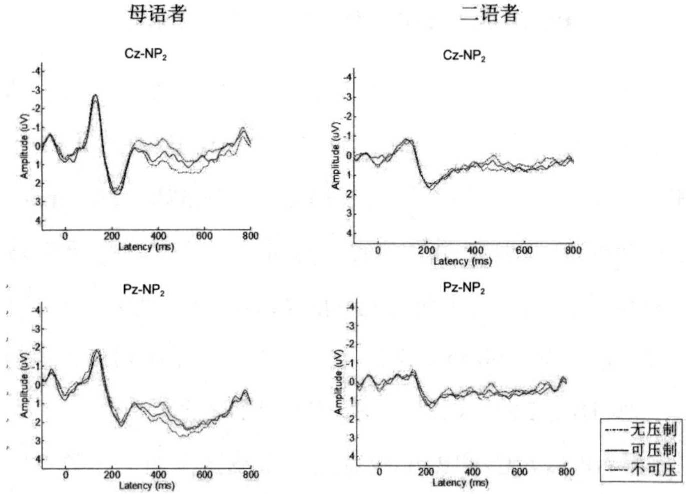

图5-3　实验三中NP_2后总平均波形图

根据观察，NP_2后，母语者和二语者C类句（不可压制句）都诱发了最大的N400成分，母语者三类句子类型之间的差异开始得更早，持续的时间也更长（300～500 ms之间）；并且母语者B类句（可压制句）的波形有一个明显地从A类句（无压制句）向C类句（不可压制句）靠拢的变化，在300～400 ms时间窗口B类句更接近于A类句，而400～500 ms时间窗口B类句则更接近于C类句。二语者三种类型之间的差异出现得更晚，持续时间也更短（450～500 ms之间）。母语者NP_2在600 ms左右有明显的P600成分，在570～620 ms时间窗口三类条件之间，似乎差异明显。而二语者则没有明显的P600成分。

因此对于NP_2后N400的分析，分为前后两个时间窗口：N400a（350～400 ms）和N400b（450～500 ms）。P600 的分析则选取570～620 ms为时间窗口。

5.6.2.2 中线位置和兴趣区数据统计检验

一、“V+了”后中线位置和兴趣区统计检验

结合以往研究以及平均波形图，两组被试“V+了”后的N400选

表5-5 实验三中“V+了”后N400中线位置（Fz、Cz、Pz）方差分析结果

方差分析内容	df	*F*	*p*
母语背景	1,35	3.978	.054
句子类型	2,70	3.742	.032
中线位置	2,70	7.504	.004
母语背景×句子类型	2,70	1.581	.213
母语背景×中线位置	2,70	.993.	.353
句子类型×中线位置	4,140	.17	.904
母语背景×句子类型×中线位置	4,140	.181	.897

取300～400 ms时间窗口、P600选取550～700 ms时间窗口进行统计分析。

对两组被试“V+了”后N400时间窗口做2（母语背景：母语者、二语者）×3（句子类型：A无压制句、B可压制句、C不可压制句）×3（大脑中线位置：Fz、Cz、Pz）三因素重复测量方差分析，结果（见表5-5）显示，母语背景主效应边缘显著［$F(1,35)=3.978$，$p=.054$］，母语者诱发的N400波幅（均值为：-.262）边缘显著大于二语者（均值为：.767）。句子类型主效应显著［$F(2,70)=3.742$，$p=.032$］，事后Bonferroni 成对比较可知，B类句（可压制句）诱发了最大的N400波幅，显著区别于A类句（无压制句）（$p=.032$），C类句（不可压制句）与A、B两类句子差异均不显著（$ps>.077$）。句子类型与母语背景交互作用不显著［$F(2,70)=1.581$，$p=.213$］，但简单效应分析结果显示①，母语者被试，C类句N400波幅最大，A类句波幅最小，C类句和A类句之间差异显著（$p=.047$），而B类句介于两者之间，与A、C两类句子差异均不显著（$ps>.488$）；二语者被试则三种类型之间差异不显著（$ps>.069$）。中线位置的主效应显著［$F(2,70)=7.504$，$p=.004$］，中线位置与母语背景交互作用不显著［$F(2,70)=.993$］，但简单效应分析结果显示，母语者被试，Pz电极的N400波幅最大，显著区别于Fz和Cz（$ps<.05$），Fz和Cz之间无显著差异（$p=.23$）；二语者被试则三个电极点两两差异不显著（$ps>.308$）。

---

① 虽然句子类型与母语背景交互作用不显著，但因为本书的研究更关心两组被试之间的差异，因此进一步进行了简单效应分析。这一分析方法主要依据威尔金森（Wilkinson）1999年提出的方法。

表5-6 实验三中“V+了”后N400ROI方差分析结果

方差分析内容	df	F	p
母语背景	1,35	2.164	.15
句子类型	2,70	3.761	.028
ROI	3,105	8.861	.000
母语背景×句子类型	2,70	2.118	.133
母语背景×ROI	3,105	2.499	.08
句子类型×ROI	6,210	.35	.909
母语背景×句子类型×ROI	6,210	.561	.681

对“V+了”后N400（300～400 ms）时间窗口做2（母语背景：母语者、二语者）×3（句子类型：A无压制句、B可压制句、C不可压制句）×4（ROI：左前、左后、右前、右后）三因素重复测量方差分析，结果（见表5-6）显示，母语背景主效应不显著［F（1,35）=2.164，p=.15］。句子类型主效应显著［F（2,70）=3.761，p=.028］，事后Bonferroni 成对比较可知，A类句（无压制句）中动词后N400波幅最小，显著区别于B、C两类句子（ps<.047），而B、C两类句子之间差异不显著（p=1）。母语背景与句子类型交互作用不显著［F（2,70）=2.118，p=.133］，但简单效应分析结果显示，母语者被试，C类句（不可压制句）动词后N400波幅最大，显著区别于A类句（p=.041），B类句（可压制句）介于A类句和C类句之间，与A、C两类句子差异均不显著（ps>.836）；二语者被试，B类句中动词诱发了最大波幅的N400，显著区别于A类句（p=.044），C类句中动词后N400波幅介于A类句和B类句之间，与A、B两类句子差异均不显著（ps>.207）。ROI主效应显著［F（3,105）= 8.861，

p=.000]，母语背景与ROI交互作用不显著[F（3,105）=2.499，p=.08]，但简单效应分析结果显示，母语者被试，左前区的N400最小，显著区别于右前区和右后区（ps<.003），右后区N400最大显著区别于左前区和左后区（ps<.026），左后区与左前区、右前区差异均不显著（ps>.226），右前区与左后区、右后区无显著差异（ps>.266），表明对于母语者被试，大脑靠后、靠右侧区域N400波幅较大；二语者被试，则四个区域之间两两差异均不显著（ps>.799）。句子类型和ROI交互作用不显著[F（6,210）=.35，p=.909]，母语背景、句子类型、ROI交互作用不显著[F（6,210）=.561，p=.681]。

两组被试“V+了”后N400（300～400 ms）脑电地形图如图5-4所示。

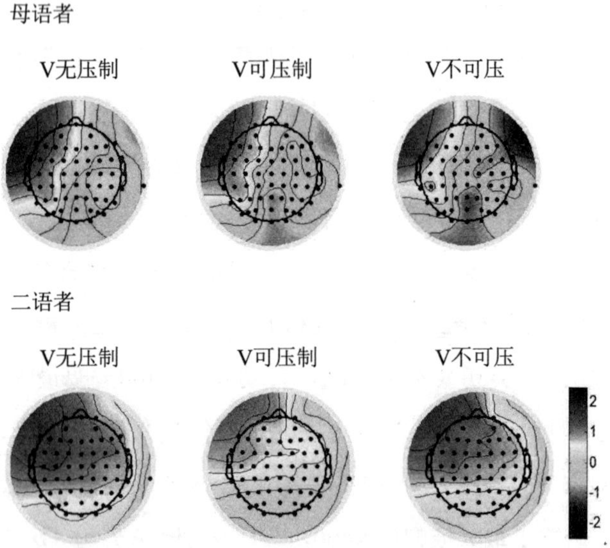

图5-4　实验三中“V+了”后N400脑电地形图

“V+了”后两组被试N400（300～400 ms）中线位置和ROI分析结果显示，两组被试“V+了”后均诱发了差异显著的N400：母语者靠后、靠右侧脑区N400波幅较大，A类句（无压制句）N400波幅最小，C类句（不可压制句）最大，B类句（可压制句）介于A类句和C类句之间，与两者差异均不显著；二语者各脑区之间没有显著差异，A类句N400波幅最小，B类句最大，C类句介于A类句和B类句之间，与A、B两类句子的N400波幅差异不显著。

然后对“V+了”后P600（550～700 ms）时间窗口进行统计分析如表5-7。

表5-7　实验三中“V+了”后P600中线位置（Fz、Cz、Pz）方差分析结果

方差分析内容	df	*F*	*p*
母语背景	1,35	.05	.825
句子类型	2,70	.773	.466
中线位置	2,70	2.07	.151
母语背景×句子类型	2,70	4.609	.013
母语背景×中线位置	2,70	.634	.478
句子类型×中线位置	4,140	1.577	.204
母语背景×句子类型×中线位置	4,140	1.317	.274

对“V+了”大脑中线位置P600（550～700 ms）时间窗口做2（母语背景：母语者、二语者）×3（句子类型：A无压制句、B可压制句、C不可压制句）×3（大脑中线位置：Fz、Cz、Pz）三因素重复测量方差分析，结果（见表5-7）显示，句子类型主效应不显著［F（2,70）=.773，p=.466］，母语背景与句子类型的交互作用显著

［F（2,70）=4.609，p=.013］，简单效应分析结果显示，母语者被试，三类句子之间两两差异不显著（ps>.51）；二语者被试，A类句（无压制句）诱发的P600幅值最大，显著区别于B类句（可压制句）（p=.035），边缘显著区别于C类句（不可压制句）（p=.053），而B、C两类句子的P600差异不显著（p=.1）。母语背景主效应不显著［F（1,35）=.05，p=.825］，中线位置主效应不显著［F（2,70）=2.07，p=.151］，母语背景与中线位置交互作用不显著［F（2,70）=.634，p=.478］，句子类型与中线位置交互作用不显著［F（4,140）=1.577，p=.204］，母语背景和句子类型、中线位置交互作用不显著［F（4,140）=1.317，p=.274］。

表5-8　实验三中“V+了”后P600ROI方差分析结果

方差分析内容	df	F	p
母语背景	1,35	.199	.658
句子类型	2,70	.914	.404
ROI	3,105	13.211	.000
母语背景×句子类型	2,70	4.332	.017
母语背景×ROI	3,105	2.96	.058
句子类型×ROI	6,210	.36	.808
母语背景×句子类型×ROI	6,210	.497	.709

对“V+了”后大脑中线位置P600（550～700 ms）时间窗口做2（母语背景：母语者、二语者）×3（句子类型：A无压制句、B可压制句、C不可压制句）×4（ROI：左前、左后、右前、右后）三因素重复测量方差分析，结果（见表5-8）显示，母语背景主效应不显

著［$F(1,35)=.199$，$p=.658$］，句子类型主效应不显著［$F(2,70)=.914$，$p=.404$］，句子类型与母语背景交互作用显著［$F(2,70)=4.332$，$p=.017$］，简单效应分析结果显示，母语者被试，三种句子类型之间两两差异均不显著（$ps>.813$）；二语者被试，A类句（无压制句）动词后P600显著大于B、C两类句子（$ps<.046$），B、C两类句子之间P600波幅差异不显著（$p=1$）。ROI主效应显著［$F(3,105)=13.211$，$p=.000$］，事后Bonferroni 成对比较可知，左前区诱发P600显著大于其他三个区域（$ps<.005$），右后区P600最小显著区别于左前区和左后区（$ps<.022$），而与右前区差异不显著（$p=.103$），左后区和右前区则无显著差异（$p=1$）。结果表明，P600成分在靠前脑区，有左侧化倾向。母语背景与ROI交互作用边缘显著［$F(3,105)=2.96$，$p=.058$］，简单效应分析结果显示，母语者被试，左前区P600最大，显著区别于右前区和右后区（$ps<.002$），与左后区差异不显著（$p=.069$），右后区P600最小，显著区别于左后区（$p=.007$），与右前区差异不显著（$p=1$），右前区显著区别于左前区（$p=.000$），和左后区、右后区差异均不显著（$p>.234$），结果表明母语者被试左侧脑区P600更大；二语者被试，右前脑区P600显著大于右后区（$p=.04$），左前区、左后脑区差异不显著（$p=.111$），都介于右前区和右后区之间，且与右前区和右后区差异均不显著（$ps>.113$），结果表明二语者右后脑区P600最小。句子类型与ROI交互作用不显著［$F(6,210)=.36$，$p=.808$］，母语背景、句子类型、ROI交互作用不显著［$F(6,210)=.497$，$p=.709$］。

两组被试“V+了”后P600（550～700 ms）脑电地形图如图5-5所示。

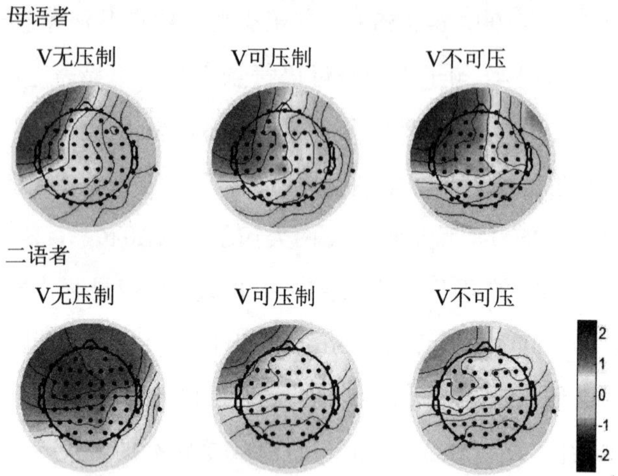

图5-5　实验三中“V+了”后P600脑电地形图

“V+了”后两组被试P600（550～700 ms）中线位置和ROI分析结果显示，母语者动词后三类句子诱发的P600无显著差异，主要分布在左前区。二语者A类句（无压制句）动词后诱发了分布全脑的P600成分，显著大于B类句（可压制句）和C类句（不可压制句），B、C两类句子动词后P600波幅差异不显著。

二、NP_1后中线位置和兴趣区统计检验

NP_1后选取N400（300～400 ms）时间窗口进行统计分析。

对两组被试NP_1后N400时间窗口（300～400 ms）做2（母语背景：母语者、二语者）×3（句子类型：A无压制句、B可压制句、C不可压制句）×3（中线位置：Fz、Cz、Pz）三因素重复测量方差分析，结果（见表5-9）显示，母语背景、句子类型和中线位置主效应均不显著（*ps*>.124），各因素之间的交互作用亦不显著（*ps*>.158）。结果表明，在NP_1之后，两组被试三类句子中NP_1后诱发的N400波幅没有显著差异。

表5-9　实验三中NP_1后N400中线位置（Fz、Cz、Pz）方差分析结果

方差分析内容	df	*F*	*p*
母语背景	1,35	2.484	.124
句子类型	2,70	.623	.525
中线位置	2,70	1.12	.32
母语背景×句子类型	2,70	1.921	.158
母语背景×中线位置	2,70	.269	.704
句子类型×中线位置	4,140	.179	.888
母语背景×句子类型×中线位置	4,140	.77	.547

表5-10　实验三中NP_1后N400ROI方差分析结果

方差分析内容	df	*F*	*p*
母语背景	1,35	.477	.495
句子类型	2,70	.746	.478
ROI	3,105	5.799	.004
母语背景×句子类型	2,70	2.01	.142
母语背景×ROI	3,105	3.111	.048
句子类型×ROI	6,210	.797	.524
母语背景×句子类型×ROI	6,210	2.205	.075

对NP_1后N400（300～400 ms）时间窗口做2（母语背景：母语者、二语者）×3（句子类型：A无压制句、B可压制句、C不可压制句）×4（ROI：左前、左后、右前、右后）三因素重复测量方差分析，结果（见表5-10）显示，母语背景主效应不显著［*F*（1,35）

=.477，p=.495］，句子类型主效应不显著［F（2,70）=.746，p=.478］，句子类型和母语背景的交互作用亦不显著［F（2,70）=2.01，p=.142］。ROI主效应显著［F（3,105）=5.799，p=.004］①，母语背景与ROI交互作用显著［F（3,105）=3.111，p=.048］。句子类型和ROI交互作用不显著［F（6,210）= .797，p=.524］，母语背景、句子类型、ROI交互作用不显著［F（6,210）=2.205，p=.075］。

两组被试NP_1后N400（300～400 ms）脑电地形图如图5-6所示。

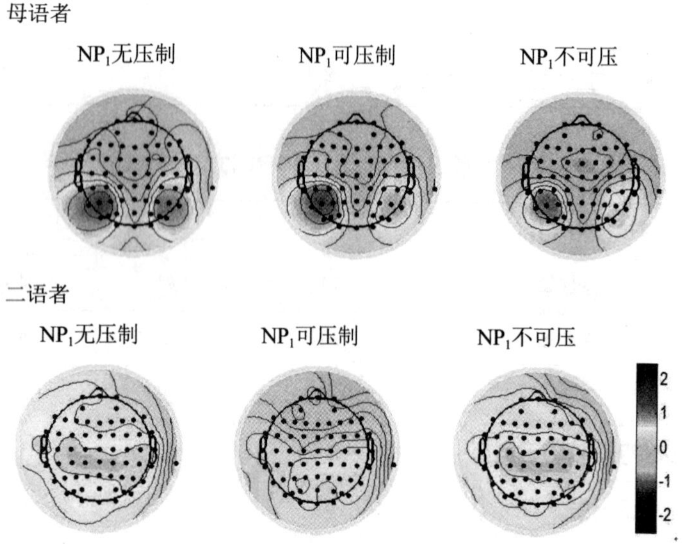

图5-6　实验三中NP_1后N400脑电地形图

① 本书主要考察三类句子之间的差异，为了突出主要研究内容，当句子类型主效应不显著、句子类型与母语背景交互作用不显著、句子类型与位置（中线位置/ROI）交互作用不显著，而仅有位置主效应或位置与母语背景交互作用显著时，将不再对位置主效应、位置与母语背景交互作用做进一步分析。

NP_1后两组被试N400（300～400 ms）中线位置和ROI分析结果显示，两组被试在NP_1之后，三类句子之间均无显著差异。

三、NP_2后中线位置和兴趣区统计检验

由于NP_2后母语者B类句（可压制句）的波形有一个与A类句（无压制句）分离向C类句（不可压制句）靠拢的变化，300～400 ms时间窗口内更接近于A类句，而400～500 ms时间窗口内更接近于C类句。因此对NP_2后N400的分析，分为前后两个时间窗口：N400a（350～400 ms）和N400b（450～500 ms）。

表5-11　实验三中NP_2后N400a中线位置（Fz、Cz、Pz）方差分析结果

方差分析内容	df	*F*	*p*
母语背景	1,35	.197	.66
句子类型	2,70	6.607	.004
中线位置	2,70	6.637	.005
母语背景×句子类型	2,70	2.332	.113
母语背景×中线位置	2,70	2.726	.087
句子类型×中线位置	4,140	.357	.716
母语背景×句子类型×中线位置	4,140	1.316	.275

对NP_2后N400a时间窗口做2（母语背景：母语者、二语者）×3（句子类型：A无压制句、B可压制句、C不可压制句）×3（中线位置：Fz、Cz、Pz）三因素重复测量方差分析，结果（见表5-11）显示，句子类型主效应显著［F（2,70）= 6.607，p=.004］，母语背景和句子类型交互作用不显著［F（2,70）= 2.332，p=.113］，简单效应分析结果显示，母语者被试，C类句（不可压制句）诱发了最大波

幅的N400a，显著区别于A类句（无压制句）（p=.000），边缘显著区别于B类句（可压制句）（p=.055），A、B两类句子之间差异不显著（p=.728）；二语者被试，三种句子类型之间两两差异不显著（ps>.776）。中线位置主效应显著［F（2,70）=6.637，p=.005］，中线位置和母语背景交互作用不显著［F（2,70）= 2.726，p=.087］，但简单效应分析结果显示，母语者被试，Pz电极显著区别于Fz和Cz（ps<.009），而Fz和Cz电极则差异不显著（p=.304）；二语者被试，三个电极点两两差异不显著（p>.876），结果表明，母语者在Fz和Cz电极诱发了更大波幅的N400a成分。句子类型和中线位置交互作用不显著［F（4,140）=.357，p=.716］，母语背景、句子类型、中线位置三者交互作用不显著［F（4,140）=1.316，p=.275］。

表5-12 实验三中NP_2后N400aROI方差分析结果

方差分析内容	df	F	p
母语背景	1,35	1.588	.216
句子类型	2,70	6.477	.005
ROI	3,105	7.974	.001
母语背景×句子类型	2,70	2.176	.121
母语背景×ROI	3,105	4.756	.013
句子类型×ROI	6,210	1.487	.214
母语背景×句子类型×ROI	6,210	3.056	.023

对NP_2后N400a（350～400 ms）时间窗口做2（母语背景：母语者、二语者）×3（句子类型：A无压制句、B可压制句、C不可压制句）×4（ROI：左前、左后、右前、右后）三因素重复测

量方差分析，结果（见表5-12）显示，母语背景主效应不显著［F（1,35）=1.588，p=.216］。句子类型主效应显著［F（2,70）=6.477，p=.005］，事后Bonferroni 成对比较可知，C类句（不可压制句）N400幅值最大，显著区别于A类句（无压制句）（p=.001），B类句（可压制句）的N400a波幅介于A类句和C类句之间，与A、C两类句子的N400a波幅差异均不显著（ps>.121）。母语背景与句子类型交互作用不显著［F（2,70）=2.176，p=.121］，母语背景与ROI交互作用显著［F（3,105）=4.756，p=.013］，句子类型和ROI交互作用不显著［F（6,210）=1.487，p=.214］。ROI主效应显著［F（3,105）=7.974，p=.001］，母语背景与ROI交互作用显著［F（3,105）=4.756，p=.013］，母语背景、句子类型、ROI三者交互作用显著［F（6,210）=3.056，p=.023］，简单效应分析结果显示，母语者被试，大脑前部（左前区、右前区），C类句N400a波幅最大，显著区别于B类句（ps<.04）和A类句（ps=.000），大脑后部（左后区、右后区），C类句显著区别于A类句（ps<.002），B类句介于A类句和C类句之间，与A、C两类句子差异均不显著（ps>.176），结果表明，母语者大脑前部N400a三类句子之间差异更显著；二语者被试，四个脑区，三种句子类型之间差异均不显著（ps>.698）。

NP_2后两组被试N400a（350～400 ms）脑电地形图如图5-7所示。

两组被试NP_2后N400a（350～400 ms）中线位置和ROI分析结果显示，母语者在NP_2后N400a（350～400 ms）时间窗口内，三类句子诱发了差异显著的N400a，其中C类句（不可压制句）的波幅最大，显著区别于A、B两类句子，而A、B两类句子之间差异不显著，N400a主

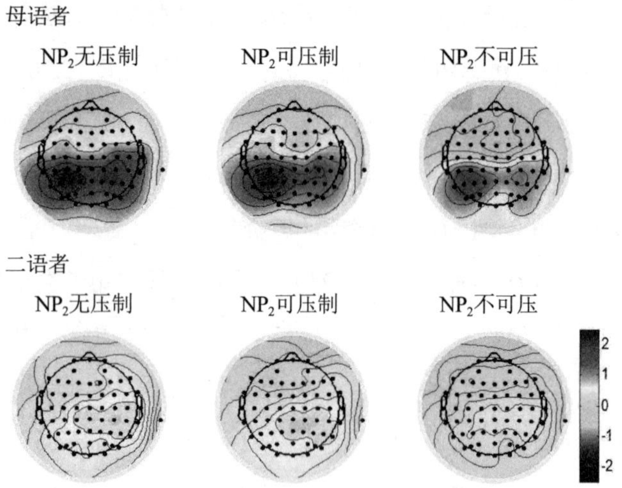

图5-7　实验三中NP_2后N400a脑电地形图

要分布在大脑的前中部区域。二语者被试则三类句子之间的N400a波幅两两差异均不显著。

表5-13　实验三中NP_2后N400b中线位置（Fz、Cz、Pz）方差分析结果

方差分析内容	df	*F*	*p*
母语背景	1,35	1.768	.192
句子类型	2,70	10.954	.000
中线位置	2,70	18.281	.000
母语背景×句子类型	2,70	.326	.716
母语背景×中线位置	2,70	7.885	.002
句子类型×中线位置	4,140	.475	.676
母语背景×句子类型×中线位置	4,140	1.145	.332

对NP_2后两组被试N400b时间窗口做2（母语背景：母语者、二语者）×3（句子类型：A无压制句、B可压制句、C不可压制句）×3（中线位置：Fz、Cz、Pz）三因素重复测量方差分析，结果（见表5-13）显示，母语背景主效应不显著［$F(1,35)=1.768$，$p=.192$］。句子类型主效应显著［$F(2,70)=10.954$，$p=.000$］，事后Bonferroni 成对比较可知，A类句（无压制句）的N400b波幅最小，显著区别于B、C两类句子（$ps<.022$），B、C两类句子之间差异不显著（$p=.146$）。母语背景和句子类型交互作用不显著［$F(2,70)=.326$，$p=.716$］，但简单效应分析结果显示，母语者，A类句诱发的N400b波幅最小，显著区别于B、C两类句子（$ps<.049$），B、C两类句子之间差异不显著（$p=.372$）；二语者被试，A类句诱发的N400波幅最小，显著区别于C类句（不可压制句）（$p=.047$），而B类句（可压制句）介于A类句和C类句之间，与A、C两类句子差异均不显著（$ps>.406$）。中线位置主效应显著［$F(2,70)=18.281$，$p=.000$］，事后Bonferroni 成对比较可知，三个位置之间两两差异显著（$ps<.004$）。母语背景和中线位置交互作用显著［$F(2,70)=7.885$，$p=.002$］，简单效应分析结果显示，母语者，三个位置之间差异两两显著（$ps<.004$）；二语者被试，三个电极点之间两两差异不显著（$ps>.435$）。句子类型和中线位置交互作用不显著［$F(4,140)=.475$，$p=.676$］，母语背景、句子类型和母语背景三者的交互作用不显著［$F(4,140)=1.145$，$p=.332$］。

对NP_2后N400b（450～500 ms）时间窗口做2（母语背景：母语者、二语者）×3（句子类型：A无压制句、B可压制句、C不可压制句）×4（ROI：左前、左后、右前、右后）三因素重复测

表5-14　实验三中NP_2后N400bROI方差分析结果

方差分析内容	df	*F*	*p*
母语背景	1,35	3.39	.074
句子类型	2,70	12.002	.000
ROI	3,105	12.581	.000
母语背景×句子类型	2,70	.335	.686
母语背景×ROI	3,105	4.785	.012
句子类型×ROI	6,210	.829	.429
母语背景×句子类型×ROI	6,210	.803	.440

量方差分析，结果（见表5-14）显示，母语背景主效应不显著［*F*（1,35）=3.39，*p*=.074］。句子类型主效应显著［*F*（2,70）=12.002，*p*=.000］，事后Bonferroni 成对比较可知，C类句（不可压制句）的N400b最大，显著区别于A类句（无压制句）（*p*=.000）和B类句（可压制句）（*p*=.04），A、B两类句之间差异不显著（*p*=.172）。母语背景与句子类型交互作用不显著［*F*（2,70）=.335，*p*=.686］，简单效应分析结果显示，母语者被试，C类句的N400b波幅最大，显著区别于A类句（*p*=.000），B类句介于A类句和C类句之间，与A、C两类句子的N400b波幅差异均不显著（*ps*>.079）；二语者被试，与母语者被试相同，C类句的N400b波幅最大，显著区别于A类句（*p*=.008），B类句介于两者之间，与两者差异均不显著（*ps*>.498）。ROI主效应显著［*F*（3,105）=12.581，*p*=.000］，事后Bonferroni 成对比较可知，大脑前部区域（左前区、右前区）诱发的N400b显著大于后部脑区（左后区、右后区），左前区、右前区分别显著区别于左后

区和右后区（*ps*<.014），而左右脑区无明显差异，左前区与右前区（*p*=1）、左后区与右后区（*p*=1）差异均不显著。母语背景与ROI交互作用显著［F（3,105）=4.785，p=.012］，简单效应分析结果显示，母语者被试，大脑前部区域（左前区、右前区）诱发的N400b显著大于后部脑区（左后区、右后区），左前区、右前区分别显著区别于左后区和右后区（*ps*<.009），而左、右脑区无明显差异，左前区与右前区（*p*=1）、左后区与右后区（*p*=1）差异均不显著，二语者被试，四个脑区差异两两不显著（*ps*=1）。句子类型和ROI交互作用不显著［F（6,210）=.829，p=.429］，句子类型、母语背景、ROI交互作用不显著［F（6,210）=.803，p=.440］。

NP_2后两组被试N400b（450～500 ms）脑电地形图如图5-8所示。

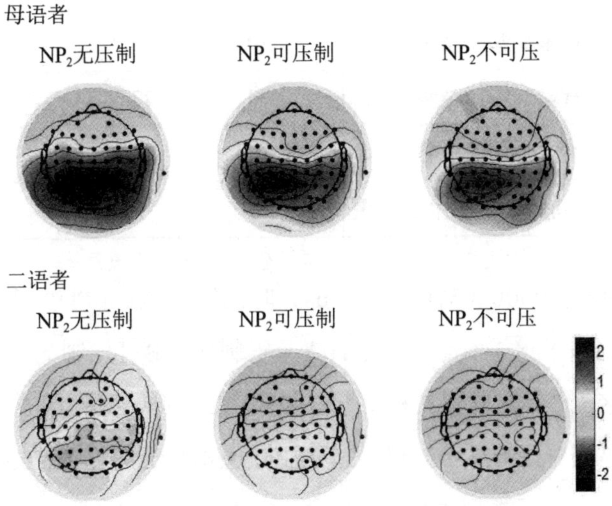

图5-8　实验三中NP_2后N400b脑电地形图

NP_2后两组被试N400b（450～500 ms）中线位置和ROI分析结果显示，两组被试在NP_2后450～500 ms时间窗口内都诱发差异显著的N400b。母语者，在大脑中线位置上A类句（无压制句）诱发的

N400b波幅最小，显著区别于B、C两类句子，而B、C两类句子的N400b波幅差异不显著。中线位置三个电极点之间两两差异显著，Fz诱发了最大的N400b效应。二语者被试A类句诱发的N400b波幅最小，显著区别于C类句，B类句介于A 类句和C类句之间，与A、C两类句子的N400b差异均不显著。

最后将对NP_2后570～620 ms时间窗口内P600成分进行统计分析。

表5-15　实验三中NP_2后P600中线位置（Fz、Cz、Pz）方差分析结果

方差分析内容	df	*F*	*p*
母语背景	1,35	.736	.397
句子类型	2,70	1.669	.196
中线位置	2,70	18.574	.000
母语背景×句子类型	2,70	.523	.595
母语背景×中线位置	2,70	13.715	.000
句子类型×中线位置	4,140	.98	.385
母语背景×句子类型×中线位置	4,140	1.168	.319

对NP_2后P600（570～620 ms）时间窗口做2（母语背景：母语者、二语者）×3（句子类型：A无压制句、B可压制句、C不可压制句）×3（中线位置：Fz、Cz、Pz）三因素重复测量方差分析，结果（见表5-15）显示，母语背景主效应不显著［$F(2,70)=.736$，$p=.397$］，句子类型主效应不显著［$F(2,70)=1.669$，$p=.196$］，句子类型和母语背景交互作用不显著［$F(2,70)=.523$，$p=.595$］，中线位置主效应显著［$F(2,70)=18.574$，$p=.000$］，母语背景与中线位置交互作用显著［$F(2,70)=13.715$，$p=.000$］，母语背景、

句子类型、中线位置三者的交互作用不显著［F（4,140）=1.168，p=.319］。

表5-16　实验三中NP_2后P600ROI方差分析结果

方差分析内容	df	F	p
母语背景	1,35	1.507	.228
句子类型	2,70	1.87	.168
ROI	3,105	20.273	.000
母语背景×句子类型	2,70	.437	.617
母语背景×ROI	3,105	16.5	.000
句子类型×ROI	6,210	2.131	.084
母语背景×句子类型×ROI	6,210	1.131	.344

对NP_2后P600（570～620 ms）时间窗口做2（母语背景：母语者、二语者）×3（句子类型：A无压制句、B可压制句、C不可压制句）×4（ROI：左前、左后、右前、右后）三因素重复测量方差分析，结果（见表5-16）显示，母语背景主效应不显著［F（1,35）=1.507，p=.228］，ROI主效应显著［F（3,105）=20.273，p=.000］，ROI和母语背景交互作用显著［F（3,105）=16.5，p=.000］，句子类型和ROI交互作用不显著［F（6,210）=2.131，p=.084］，母语背景、句子类型、ROI交互作用不显著［F（6,210）=1.131，p=.344］。

NP$_2$后P600（570～620 ms）脑电地形图如图5-9所示。

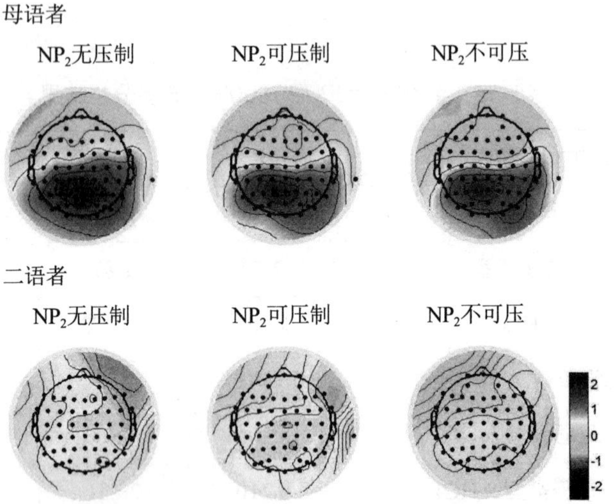

图5-9　实验三中NP$_2$后P600脑电地形图

NP$_2$后两组被试P600（570～620 ms）中线位置和ROI分析结果显示，母语者被试在570～620 ms时间窗口内诱发了明显的P600，主要分布在大脑后部，但三类句子之间两两差异均不显著。二语者则三类句子均未诱发明显的P600成分。

由于实验中关键词比较多，关键词后N400的时间窗口又做了进一步的划分，实验数据结果比较多。现将实验三中两组被试各关键词后N400/P600时间窗口内的ERP数据分析的主要结果总结如下，见表5-17。

5.6.3　实验三二语者纸笔评定、翻译材料分析

实验结束后，选取了实验三中B类句（可压制句）、C类句（不可压制句）各5个共10个（参见附录D），采用5分量表请11名高级汉语水平的二语者（与实验二中纸笔测试的被试相同）对10个句子

表5-17　实验三中各关键词后N400或/和P600数据分析结果

被试	关键词	N400		P600
母语者	V+了	N400（300～400 ms）： C不可压制句>A无压制句 B可压制句介于A无压制句和C不可压制句之间，与A、C两类句子差异都不显著		P600（550～700 ms）： C不可压制句=B可压制句=A无压制句
	NP$_1$	N400（300～400 ms）： C不可压制句=B可压制句=A无压制句		
	NP$_2$	N400a （350～400 ms）	N400b （450～500 ms）	P600 （570～620 ms）
		N400a： C不可压制句>B可压制句=A无压制句	N400b： C不可压制句=B可压制句>A无压制句	P600： C不可压制句=B可压制句=A无压制句
二语者	V+了	N400（300～400 ms）： B可压制句>A无压制句 C不可压制句介于B可压制句和A无压制句之间，与A、B两类句子差异都不显著		A无压制句有P600
	NP$_1$	N400（300～400 ms）： C不可压制句=B可压制句=A无压制句		
	NP$_2$	N400a （350～400 ms）	N400b （450～500 ms）	P600 （570～620 ms）
		N400a： C不可压制句=B可压制句=A无压制句	N400b： C不可压制句>A无压制句 B可压制句介于A无压制句和C不可压制句之间，与A、C两类句子差异都不显著	P600： C不可压制句=B可压制句=A无压制句

注：“>”表示显著大于，“=”表示差异不显著。

的语法正确性进行评分，并让二语者对语义可以理解的句子进行翻译。语法正确性得分如下：B类句平均分为3.4，C类句平均得分为1.97分。80.2%的二语者按双宾语义正确地翻译了B类句，同时也有27.4%的二语者对C类句进行了翻译。5个C类句中的4个句子都有二语者认为可以理解。由于本书中C类句的动词和NP_2可以形成动宾搭配，只是NP_2不能通过V转移给NP_1，因此违反了构式义。句子翻译表明，有二语者并未按照双宾结构来理解C类句，如“小李修了小王一条马路”，有55%的二语者认为句子语义可以理解，将其翻译为“Xiao Li repaired a road for Xiao Wang.”或“Li fixed a road of Wang's.”，将双宾句理解为介宾句（小李为小王修了一条马路）或者是省略了助词“的”的单宾句（小李修了一条小王的马路）。

5.7 实验三数据分析主要结果讨论

5.7.1 “V+了”后N400或/和P600指标数据结果

“V+了”后母语者和二语者都诱发了差异显著的N400成分，但三类句子之间的差异模式不同。母语者，C类句（不可压制句）中的二价动词诱发了最大的N400波幅，A类句（无压制句）中的三价动词诱发的N400波幅最小，B类句（可压制句）介于A类句和C类句之间，与A、C两类句子差异均不显著。冯丽萍，丁国盛和陈颖（2006）关于汉语动词配价心理现实性的研究表明，动词所涉及的相关成分的性质及所隐含的句法关系都作为动词意义的组成部分表征于母语者的心理词典中，因此在对动词进行加工时会激活动词的论元成分[①]及其句法关系。实验三的材料匹配了三类动词的词频、笔画数以及动词与NP_2的语义关联度，但C类不可压制动词作为只能带两个参与者角色的二价动词，动词后不会出现表人的名词充当宾语。实验中所有句子分四部分呈现，动词后出现“小王”的概率是83%[②]，因此母语者很容易对动词后成分形成预期，当动词的语义特征与预期不一致时，就可能导致C类动词诱发了最大的N400。A、B两类动词诱发的N400较小，没有显著差异。二语者则是B类可压制二价/准三价动词诱发了最大的N400。实验后的二语者访谈表明，教师在教学过程中对B类可压制二价/准三价动词的句法结构形式有特别强调，诸如“写”“介绍”等动词后一般不能直接出现指人的宾语，一定要前面加介词或后面加“给”，因此当二语者加工B类可压制动词时，提取的动词语义特征与其对动词应有结构形式的预期不相符，从而诱发了最大的N400波幅。A、C两类句子之间的N400差异不显著。

在“V+了”还出现了P600成分，母语者三类“V+了”均诱发了P600成分，但三者差异不显著，表明母语者对三类动词的句法加工是一致的，都能够顺利地与主语完成整合。而二语者只有A类句（无压制句）诱发了最大的P600，B、C两类句子则未见明显的P600。浅结构假说（Clahsen & Felser，2006a，2006b）认为，二语

① Goldberg（2007）用参与者角色（participant role）限定动词的意义，用论元角色（argument role）限定构式的意义。以往研究中动词的论元角色，在构式语法体系中被称为参与者角色。

② 实验句动词后都是“小王”占所有材料的2/3，1/2的填充句是动宾补结构做谓语，也是“小王”充当宾语，如：小李找了小王好几次。

者对高频、简单、常见的句法现象能够达到母语者的水平，但当其遇到低频、复杂，或者存在冲突的句法结构时，句法分析形成的心理表征非常脆弱，很容易被语义加工代替。实验二中只有A类无压制动词是经常出现在双宾句中的三价双宾动词，最容易形成句法表征，因此只有A类无压制动词后诱发了P600。而B、C两类动词与预期的论元成分之间存在冲突，不容易形成句法结构的心理表征，因此B、C两类动词后未见显著的P600。

5.7.2 NP_1后N400指标数据结果

NP_1后两组被试三类句子之间的N400波幅均无显著差异。三类NP_1均为“小王”，根据句法加工的最小附加原则——在句子加工过程中句法分析器并不假定任何潜在的不必要的节点而是建构最简单的可能的结构（杨玉芳，2015：192），对于C类句（不可压制句）中的二价动词，当其后面出现“小王”时，仍然存在后续的可能性，如“小李升了小王的职位”，加之整个句子加工尚未结束，因此两组被试NP_1后三类句子之间的N400差异不显著。

5.7.3 NP_2后N400指标数据结果

NP_2后两组被试三类NP_2的加工均诱发了差异显著的N400成分，但两组被试之间差异模式不同。

对于母语者，在350～400 ms时间窗口内，C类句（不可压制句）诱发了最大的N400a, A、B两类句子之间差异不显著。A类无压制动词——三价动词、B类可压制动词——二价/准三价动词，均可能带三个参与者角色，而C类不可压制动词作为典型的二价动词，只能带两个参与者角色，这些信息都作为动词意义的一部分表征于母语者的心理词典中（Todd, et al.，2001；冯丽萍，丁园盛，陈颖，2006）。在N400a（350～400 ms）时间窗口内，母语者对NP_2进行了语义加工，并将其与之前已加工的成分进行整合，A类句、B类句中的动词都具有带三个论元角色的可能性，而C类句中的动词则没有这种可能性，因此C类句后NP_2诱发了最大的N400，显著区别于A、B两类句子。这表明母语者在此处已经发现了C类句中二价动词与双宾构式义的冲突，即C类句中的二价动词不能带三个参与者角色，因此诱发了最大的N400。B类可压制句中的动词是具有转移义的二价/准三价动词，有可能带三个参与者角色，在进入双宾构式后能够与双宾构式义形成互动，改变参与者角色的数量与方式，因此NP_2后300～400 ms在将NP_2与之前已加工的成分进行语义整合时，母语者发现构式已经赋予了动词额外的可以进行语义整合的论元角色——NP_1，B类句与A类句一样都带有可以进行语义整合的三个论元角色，所以B类句与A类句之间的差异不显著。

在400 ms左右，B类句（可压制句）的波幅开始与A类句（无压制句）偏离转而向C类句（不可压制句）靠拢，在450～500 ms时间窗口内，B、C两类句子均诱发了较大的N400b，显著区别于A类句，而B、C两类句子的N400b差异不显著。A、B两类句子的唯一差别在于动词的不同，A类无压制动词可以直接进入双宾句，其参与者角色与双宾构式的论元角色直接熔合，而B类可压制二价/准三价动词虽然也包括三个参与者角色，但其参与者角色的语义凸显模式与双宾构式不一致（沈家煊，2000；陈昌来，2007）或者并不是双宾构式论元角色的理想实例（高佑梅，朱鹏，2014）。例如“朋友介绍我一份工作”中动词“介绍”所表示的事件中常常涉及三个参与者角色——介绍人、被介绍人、介绍的对象，但这三个参与者角色有两个类似于施事的语义角色，一个是介绍人，一个是被介绍人，因为被介绍人“我”是介绍对象“一份工作”的施动者，即介绍<介绍人、施事、介绍的对象>，在应该出现接受者的语义槽却出现了施事的语义角色，不是双宾构式论元角色——接受者的理想实例，因此无法直接进入双宾句，必须为其增添明显的形式标记（介词或助词）。在400～450 ms时间窗口，双宾构式义与B类可压制动词的参与者角色的语义信息开始互动，母语者能够觉察动词语义特征对双宾构式义的违反，因此B类句的N400b波幅又有一个明显上升的趋势，并在450～500 ms时间窗口内与C类句相同，均显著区别于A类句。

对于二语者，三类句子的NP_2后也诱发了差异显著的N400，但相比于母语者其差异出现得较晚。在350～400 ms之间，三类NP_2无明显区别，表明此阶段二语者仅对NP_2本身的语义进行了加工。在N400b（450～500 ms）时间窗口内，C类句（不可压制句）诱发了最大的N400波幅，显著大于A类句（无压制句），B类句（可压制句）则介于A类句和C类句之间，与A、C两类句子的差异均不显著。表明这一阶段二语者开始将NP_2与之前已加工成分进行了语义整合。由于C类不可压制V与双宾构式义对成分的要求冲突，无法进行语义整合，因此C类不可压制NP_2诱发了最大的N400波幅，而A类无压制动词是三价动词，NP_2可以直接与A类无压制句中“V了+NP_1”进行语义整合，因此A类无压制句NP_2后的N400波幅最小。NP_2后B类可压制句N400波幅介于两者之间，与两者差异均不显著，但如果考察整个B类句的加工过程，可以发现，B类句动词后诱发了最大的N400波幅，显著区别于A类句，但到了NP_2后B类句的波幅则与A类句没有显著差异，表明二语者在NP_2后450～500 ms提取了构式义并与对B类可压制句中的动词整合，但未能明确觉察到B类句中动词参与者角色对双宾构式论元角色之间的冲突，因此B类句NP_2后的N400波幅介于A、C两类句子之间，与A、C两类句子没有显著差异。

5.8 实验三主要结果总结

5.8.1 母语者对给予义双宾构式压制句加工的时间进程

对于母语者，动词后三类动词诱发了差异显著的N400，其中C类不可压制二价动词诱发了最大的N400，而A类无压制三价动词的N400波幅最小。母语者在动词加工中激活了相关的论元成分和句法关系，C类不可压制动词作为只能带两个参与者角色的二价动词，加工中激活的论元成分和关系与对后续成分的预期形成冲突，因此C类不可压制动词后诱发了最大的N400。NP_1后三类句子之间的N400差异不显著，句子加工尚未完成且三类名词都有与动词整合的可能性，因此NP_1后三类句子的N400差异不显著。NP_2后，在350～400 ms时间窗口内，C类句（不可压制句）中的NP_2诱发了最大的N400波幅，显著区别于A、B两类句子，表明母语者开始将NP_2与其他成分整合，A、B两类句子的动词都具有出现三个论元角色的可能性，而C类句没有，因此C类句后NP_2诱发了最大的N400a，显著区别于A、B两类句子，而A、B两类句子NP_2后的N400a无差异。在400～450 ms时间窗口内，B类句（可压制句）的波幅开始与A类句（无压制句）偏离转而向C类句靠拢。在这一时间窗口内构式义开始与动词的意义交互作用，B类可压制动词参与者角色的凸显模式与双宾构式论元角色的凸显模式不同，或者其参与者角色不是构式论元角色的理想实例，从而导致450～500 ms时间窗口内，B、C两类句子均诱发了较大的N400b，显著区别于A类句，而B、C两类句子的N400b差异不显著。

总之，双宾构式表示的是物体通过动词在两个主体间进行传递，在母语者的汉语双宾构式压制句加工中，如果动词所代表的事件中有可能出现三个参与者角色，且与双宾构式代表的“传递”事件相关，则双宾构式通过赋予本来只带两个论元的动词一个额外的接受者角色，使动词能够用来表达“传递”的意义，则句子语义可以理解。反之，如果动词所代表的事件不可能出现三个参与者角色，无论其句法结构如何，构式义都无法通过赋予动词一个接受者角色来完成句子意义的整合，则句子语义不能理解。或者如果动词的参与者角色不是双宾构式句论元角色的理想实例，则句子加工出现困难。

5.8.2 二语者对给予义双宾构式压制句加工的时间进程

二语者对于动词后B类可压制准三价动词诱发了最大的N400，实验后访谈可得，授课教师对B类可压制动词的句法特征有特别强调，一般不能单独接表人的宾语。对B类可压制动词加工时，动词的句法特征与对后续成分的预期不一致，从而诱发了最大的N400波幅，而A、C两类句子之间的N400差异不显著。NP_1后三类句子之间差异不显著，与母语者相同。NP_2后，一直到N400b（450～500 ms）时间窗口内，三类句子之间才出现显著差异，C类句（不可压制句）诱发了最大的N400b，表明二语者在此阶段觉察到了C类动词对构式义的违反。A类句（无压制句）最小，B类句（可压制句）介于A类句和C类句之间，与A、C两类句子差异均不显著。考察整个B类句的加工过程，可以发现，动词后B类句诱发了最大的N400波幅，显著区别于A类句，但到了NP_2后B类句的波幅则与A类句没有显著差异，这可以归因于二语者在加工B类句的过程中提取了构式义，对B类可压制句各成分进行了整合，句子语义可以理解。实验后的纸笔翻译任务也显示，有80.2% 的二语者正确地翻译了B类可压制句。浅结构假说认为，二语者在句子加工中对句法表征的推断相比于母语者更浅，更缺少细节（Clahsen & Felser，2006b）。二语者对动词参与者角色和构式论元角色的数量信息敏感，因此能够觉察到C类动词（二价动词）对双宾构式义的违反，但对动词的参与者角色是否符合构式论元角色的凸显模式或者动词的参与者角色是不是构式论元角色的理想实例等更细节更深层的信息不敏感，因此NP_2后A、B两类句子之间的差异不显著。另一个可能的原因是二语者对有些C类句的语义强行进行了整合。实验后句子翻译调查显示，11名被试中有27%的被试对实验二中C类句进行了翻译，如“小李升了小王一面国旗”被翻译为“Li raised a flag of Wang’s.”或“Xiao Li raised a flag for Xiao Wang.”。已有研究表明，当二语者在遇到句法不正确的句子时会转而依靠很多非句法的手段去理解句子，如基于频率（Hare, et al.，2003）或者依靠上下文语境（Spivey-Knowlton, et al.，1993），或者利用可行性（Ferreira，2003；Ferreira & Patson，2007）等，通过这些手段，二语者对句法不合理的句子进行语义整合。加之汉语缺少明确的句法标记，两个语法成分之间只要在语义上能搭配，在逻辑上讲得通就可以组合，表现出“重意合”的特点（张斌，2010：1043），二语者更容易将语义上有关联的词语强行地进行语义整合，并且为了达到语义整合而去改变对句子结构的理解。实验二行为数据的结果显示，二语者B类句（可压制句）的加工时间和C类句（不可压制句）的加工时间都显著长于A类句（无压制句），而B类句和C类句之间差异不显著。这一结果也印证了二语者可能对C类句进行了强行的语义整合，C类句的加工时间显著长于A类句。因此B类可压制句和C类不可压制句之间的差别不显著，且三类句子之间的N400波幅差异持续时间很短（大约50 ms）。

总之，母语者在NP_2后400～450 ms时间窗口提取构式义，与动词的句法语义特征相互作用，完成语义整合，并发现动词语义特征与构式义之间的冲突。二语者构式义与动词的整合更晚——在450～500 ms时间窗口内才出现差异。

第 6 章　汉语双宾句加工中的构式压制机制

6.1　汉语双宾构式义的心理现实性及其提取时间

戈德伯格于1995年出版了《构式：论元结构的构式语法研究》（*Constructions: A Construction Grammar Approach to Argument Structure*），提出构式语法的概念与理论。近25年来，构式语法作为一种新视角的语言学理论对语言研究产生了重要的影响。该理论反对生成语法的动词中心论，认为除了动词之外，语法结构本身也带有意义。它也得到了来自心理学领域实验结果的支持。本奇尼和戈德伯格（2000）采用句子分类任务证明了构式具有心理现实性，能够预测句子的意义。卡沙克和格伦伯格（2000）采用名转动词句证明了句法框架带有意义，由于句中没有动词，因此框架的意义不源于动词。

汉语中构式义的实证研究较少，结果也存在分歧（Ye et al.，2007；于亮等，2017）。本书以汉语活用名转动词双宾句为实验材料，通过两个ERP实验，发现母语者和二语者在汉语双宾构式压制句的加工中能够提取构式义，汉语双宾构式义能够独立于动词而存在，构式义的加工属于语义加工，并且确定了母语者和二语者在汉语双宾句加工中构式义提取的时间。

6.1.1　汉语双宾构式义的心理现实性及其特点

6.1.1.1　汉语双宾构式义的心理现实性

本书设置了A、B、C三类不同条件的双宾句，A类为无压制句、B类为可压制句、C类为不可压制句，其中B类句代表了构式义能对Nv或V中的冲突进行压制的条件，C类句代表了构式义无法对Nv或V中的冲突进行压制的条件。实验结果发现，母语者被试在实验二和实验三，二语者被试在实验三中，B类句（可压制句）句尾NP_2后诱发的N400波幅小于C类句（不可压制句）的句法语义冲突句，这表明两组被试都能够提取构式义与动词的相关语义特征整合，并且对句中V/Nv中的冲突进行压制，完成句子的语义整合。此外，二语者评定与翻译任务的结果显示，虽然实验二中B类句的句法正确性得分较低（2.07分），表明他们能够意识到该类句子结构的不规范，但是翻译任务显示，有58.4%的二语者按照双宾构式的转移义正确地翻译了活用名转动词构成的B类句。

从语义关系角度讲，实验三C类句（不可压制句）中的动词在非双宾结构中都可以和NP_2，甚至NP_1形成动宾搭配关系，如升/一面国旗、为小王升一面国旗、修/一条马路，这也是朱德熙（1999：100）指出的论元之间的低层次语义。但是在双宾结构Ns+V/Nv+NP_1+NP_2中，其构式义表达的是NP_1和NP_2之间通过V/Nv形成转移义，这和句中动词与论元成分之间的关系形成了冲突，不能通过动词将NP_2传递给NP_1，违反了双宾构式的传递义，因此在句末NP_2后300～400 ms时间窗口内诱发了最大的N400波幅，这意味着被试在句子加工中提取了构式义，而构式义与构成成分之间的语义关系存在冲突，因此带来了较大的加工困难。

从实验结果来看，无论是B类句（可压制句）成功的构式压制，还是C类句（不可压制句）中成分与构式义违反带来的加工困难，以及评定和翻译任务的结果，都为母语者和二语者汉语双宾句加工中构式义的提取提供了证据。

6.1.1.2 汉语双宾构式义的特点

从实验结果来看，存在于双宾结构中，并且可在加工中被提取的双宾构式义具有如下特点。

汉语双宾构式义能够独立于动词而存在。关于构式义是否依赖于动词这一问题一直存在分歧。卡沙克和格伦伯格（2000）采用名转动词为实验材料，证明结构的意义可以不来源于动词，但其选用的名转动词属于兼类词，既可以做动词，也可以做名词，如“Lyn crutched Tom her apple so he wouldn’t starve.”中的“crutch”本身具有“用拐棍支撑”的意义，因此证据略显不足。戈德沃特和马克曼（2006）改用名转动词构成的中动结构句和被动构式句为实验材料，通过句子语义可接受性判断任务也证明了构式义的存在，并且实验中的名转动词不是兼类词，而是首次被当作动词来使用的名词，因此分离了构式义与动词的作用。本书实验二中采用的B类句（可压制句）和C类句（不可压制句）中都是临时活用的名转动词，目的是排除动词的因素，检验汉语双宾构式义是否能够独立于动词而存在。

实验二发现，母语者B类句（可压制句）和C类句（不可压制句）的加工在句尾NP_2后的450～500 ms时间窗口内N400波幅差异显著。B类句和C类句都使用名转动词句，唯一的差别在于B类可压制Nv的物性角色与双宾构式义的转移义可互动，如“百度”，其功用角色为“用百度获取信息”，其隐含的“获取（信息）”义可以与双宾构式的转移义整合，因此“小李百度了小王一家酒店”的意义可理解。C类不可压制Nv，如“饭店”，其功用角色为“吃饭的场所”，与双宾构式的传递义无关，因此无法进行语义整合，句子语义不可理解。这一结果表明，对于母语者而言，汉语双宾构式存在表传递的构式义，能够为句子的理解提供意义信息，并且双宾构式的意义不一定依赖于动词。

汉语双宾构式义是不同于成分组合的整体义。戈德伯格（1995）认为构式具有两个特征：1）形式和意义的配对；2）结构和意义的不可预测性。具体到汉语双宾构式，其不可预测性是指仅从构成双宾句的动词或宾语不能必然得出双宾构式的转移义。构式义是一种浮现于构成成分组合之上的整体的意义，朱德熙（1999：100）所指的高层次语义也与此相关，不同于论元角色之间组合的低层次语义。

本书中的B类句（可压制句）和C类句（不可压制句）在句尾NP_2处都诱发了较大的N400波幅，从脑区分布可推测构式义的加工是一种语义加工。

构式压制诱发的N400在脑电地形分布上不同于以往研究中常见的生命性违反所诱发的N400。皮尔卡宁和麦克尔雷（Pylkkänen & McElree，2007）采用MEG（magneto-encephalography）技术考察宾语压制句，如“The journalist began the article after his coffee break.”，无压制句，如“The journalist wrote the article after his coffee break.”和生命性语义违反句，如“The journalist astonished the article after his coffee break.”，结果发现，350～450 ms时间窗口内，压制句中的名词诱发了明显的前中线效应，其源于腹内侧前额叶，生命性语义违反句则诱发了额颞效应。沙迈-祖里（Shamay-Tsoory）等（2005）的研究表明，腹内侧前额叶（vmPFC）的激活通常与非字面义解释有关，如反讽。按照构式理论，构式的特征之一就是形式和意义作为整体的不可预测性。就双宾构式而言，其不可预测性指仅从双宾动词及宾语不能必然得出转移义，因此双宾构式义也是浮现于构成成分组合意义之上的非字面义解释。库珀伯格等（2010）采用ERP技术考察压制句，其结果与皮尔卡宁和麦克尔雷的研究一致，被压制成分的N400（相比于无压制和生命性违反）有一个更靠前的分布。本书中B类句（冲突可解决）、C类句（构式义违反句）诱发的N400与这两个实验结果一致，相比于无压制句，在大脑的前中部区域[①]诱发了更大的N400效应，因此，可以推测被试所加工的构式义是在各构成成分关系基础上浮现形成的，整合了各词项意义的整体义。

叶铮和周晓林（2007）采用ERP技术以“把”字句为材料，对比构式义违反句和基于词汇的语义违反句两者诱发的N400波幅和分布的异同，结果发现，基于词汇的语义违反句“特务把炸弹梳理在办公楼里”诱发了最大的N400波幅，广泛分布于整个头皮；构式义违反句“市民把名画欣赏在博物馆里”诱发的N400波幅更小，主要分布在大脑后部。本书中构式压制句、构式义违反句诱发的N400分布与这一结果不同。叶铮等研究中的关键词是“把”后面的动词，认为被试只要看到“动词”是否具有“处置”或“致使”义就能够判断出整个句子是否违法了构式义。但实际上仅根据动词并不能完全判断该句是否违反了“把”字句的构式义，比如“a小李把饺子吃在食堂里”和“b小李把饺子吃完了”，如果仅看到动词“吃”，无法判断出a句对构式义的违反。现代汉语中“把”字句的构式义除了“处置”“致使”外，还强调要有一个变化或结果。张斌等

① 实验二中母语者NP_2后B、C两类句子诱发的N400b主要分布在前中部，实验三中母语者NP_2后中线位置三类句子的N400b两两差异显著，Fz电极诱发的N400b最大。

（2010：538）认为“把”字句“表示某人某事作用于某对象，控制并致使该对象发生一定的结果变化”，现代汉语中“把”字句的动词一般不能单独出现，通常后面有补语、宾语、动态助词，至少也要用动词的重叠式（黄伯荣，廖旭东，2011：91）。所以，仅仅考察“把”字句后动词的加工，并不能确定句子是否违反了构式义，也就是说，叶铮和周晓林（2007）的研究中动词后诱发N400可能未必是构式义违反引发的，因为此时整个“把”字句的构式义尚未整合完毕。

6.1.2 汉语双宾构式义的提取阶段

6.1.2.1 母语者在句尾400～450 ms时间窗口内提取汉语双宾构式义

皮尔卡宁和麦克尔雷（2007）采用MEG技术考察宾语压制，发现压制句中的名词在350～450 ms诱发了明显的前中线效应。库珀伯格等（2010）采用ERP技术考察压制句，发现在300～500 ms时间窗口内压制句中的名词诱发了明显的分布于大脑前部的N400效应。本书实验二和实验三中，母语者在构式压制句NP_2后也诱发了明显的分布于大脑前中部的N400效应。通过将N400时间窗口进一步细化，我们发现，母语者提取构式义开始与动词语义产生交互作用的时间窗口在句尾NP_2后400～450 ms。

实验二的结果表明，母语者在加工汉语双宾构式压制句时NP_2后N400（300～500 ms）时间窗口内，波形走向发生改变。在300～400 ms之间，B类句（可压制句）的N400a波幅与C类句（不可压制句）的差异不显著，显著大于A类句（无压制句）的N400a波幅，表明此时构式义尚未与B类可压制Nv的语义进行整合。在400 ms左右，B类句的波形开始向A类句靠拢，450～500 ms之间，B类句的

N400b波幅与C类句出现显著差异。这表明母语者在400～450 ms之间开始提取构式义与动词的语义整合，并对B类可压制Nv中存在的句法语义冲突进行压制，构式义和B类Nv的物性结构相匹配，因此能够完成各信息之间的整合，句子语义可以理解。

与实验二结果一致，实验三的结果也发现母语者在加工二价/准三价动词构成的双宾压制句时，NP_2后N400（350～500 ms）时间窗口内波形发生改变。在350～400 ms之间，B类句（可压制句）的N400a波幅与A类句（无压制句）差异不显著，但显著小于C类句（不可压制句），说明构式压制成功，B类句的语义可以理解。而在400 ms左右，B类句的波形开始向C类句靠拢，同样是在450～500 ms之间，B类句的N400b波幅与A类句出现显著差异。这也表明母语者在400～450 ms之间构式义开始与动词进行语义整合，从而觉察到B类动词论元角色对汉语双宾构式义的违反，B类句是句法错误的句子。实验二和实验三的结果都表明母语者提取构式义与动词语义整合的时间在NP_2后400～450 ms之间。如图6-1所示。

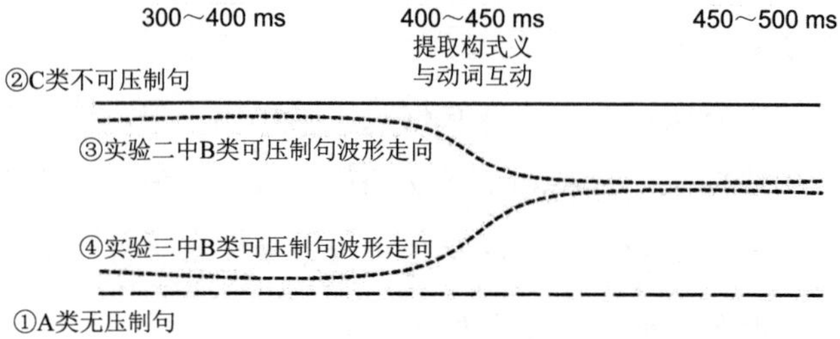

图6-1　实验二和三中母语者NP_2后N400时间窗口内B类句（可压制句）波形走向

说明：①疏虚线表示母语者NP_2后N400时间窗口内A类句（无压制句）的波形走向，②实线表示母语者NP_2后N400时间窗口内C类句（不可压制句）的波形走向，③④密虚线则代表实验二和实验三中B

类句（可压制句）的波形走向。

值得注意的是，两个实验中B类句（可压制句）波形的改变都发生在400～450 ms时间窗口，表明此时提取了构式义开始与动词的语义特征形成互动，但两个实验中B类句波形的走向却不相同，这与两个实验中冲突的类型有关。在实验二中，“Nv+了”与构式之间存在句法和语义的强冲突，B类句和C类句（不可压制句）中两类“Nv+了”后NP_1和NP_2都无法和“Nv+了”整合，只能在最后阶段通过提取构式义，并通过构式义的转移义特征调整动词与论元角色的关系，实现构式义与动词意义的互动，通过构式义与Nv中相一致的语义进行整合来完成压制过程。而在实验三中二价或准三价动词与论元成分的冲突较小，各构成成分之间的语义可以直接进行初步的整合，在最后阶段提取构式义，实现构式义与动词意义和论元的互动。通过构式义和动词更精细的语义特征进行互动，发现可压制句中动词的参与者角色的凸显模式与双宾构式的论元角色的凸显模式不同，或者其参与者角色不是构式论元角色的理想实例，因此，B类句是句法上存在错误的句子，表现在B类句与A类句（无压制句）波形发生分离，转而向C类句靠拢。

上述结果表明，在汉语双宾构式压制句加工中，冲突类型和强弱会影响构式压制的过程和构式义的作用方式，但不一定影响提取构式义与动词语义整合的时间，这也许意味着构式加工中成分信息和构式义的提取、整合有大致固定的程序。

6.1.2.2　二语者在句尾450～500 ms时间窗口内提取汉语双宾构式义

目前有关汉语双宾构式义的二语加工研究并不多。郝暾（2018）研究表明，虽然构式在母语者句子理解中的作用更重要，但构式对二语者句子的理解也起作用。本书实验二的结果也发现，二语者能够提取汉语双宾构式义，并对句子理解产生影响，提取时间在NP_2后450～500 ms时间窗口。

实验三中，二语者在NP_2后450～500 ms时间窗口内诱发了差异显著的N400，C类句（不可压制句）显著区别于A类句（无压制句），表明二语者在这一时间窗口内侦测到了C类句对构式义的违反。B类句（可压制句）的波幅介于A类句和C类句之间，与两者均无明显差异。但从二语者对整个双宾句加工的角度看，二语者可在NP_2后提取构式义，并对B类句的加工产生影响，通过和动词中与构式义一致的语义信息进行整合，对B类可压制动词中的冲突进行压制，完成语义整合。在B类句中动词后所诱发的最大的N400波幅在句尾NP_2处有所下降，与A类句差异不显著，这表明二语者可提取构式义，但检测到构式义与成分的冲突相对容易（C类句的加工与A类句差异显著），而进行构式义与成分的互动并形成压制，进而理解句法不完全合理句的语义相对困难（B类句的加工与A、C两类句子差异均不显著，不同于母语者）。

综合上述分析可见，母语者在句尾NP_2后400～450 ms，二语者在450～500 ms之间提取构式义与动词义和论元成分发生互动。相对于母语者，二语者比母语者大约延迟50 ms。这与以往基于语义违法的二语句子加工研究的结果一致，郑晓辰和莱姆霍费尔（2019）的研究发现，二语者诱发的N400效应或延迟于母语者或弱于母语者。

二语加工理论认为，二语者的习得年龄、二语的熟练度都会影响其对二语的加工（张辉，卞京，2016）。韦伯-福克斯和内维尔（Weber-Fox & Neville，1996）对比了早期二语者和晚期二语者在加工语义违反句时诱发的N400峰值潜伏期，结果发现晚期二语者N400的峰值潜伏期出现得更晚，这表明晚期二语者的语义加工比较慢。

本书中的二语者被试都是12岁之后开始学习汉语，属于晚期二语者。并且，其汉语水平在HSK5级或以上，并非高熟练度的二语者。二语水平对二语加工有重要影响，以往研究表明擅长的语言在大脑中的表征与不擅长的语言不一样（Hernandez，2013）。本书发现二语者对双宾句构式义的提取晚于母语者，应该是同时受到汉语习得年龄和汉语水平的影响。

除提取构式义与动词语义整合的时间延迟于母语者之外，两组被试所提取的构式义对句子意义整合的作用也不完全相同。母语者可以通过提取构式义，发现构式义与成分之间的冲突（如C类句的加工），同时也能够利用构式义通过构式压制改变动词的论元结构（如B类句的加工）。对二语者而言，构式义能够帮助二语者意识到冲突，表现在实验二中C类句句尾NP_2后诱发了最大的N400波幅；但二语者利用构式义解决冲突、形成构式压制的难度则相对较大，表现在实验二中B类句句尾NP_2后诱发的N400波幅介于C类句和A类句之间，而与A、C两类句子差异都不显著。

综合上述实验结果的分析，可以推断，汉语双宾结构中存在独立于动词的整体构式义。该构式义不是各成分意义的简单组合，而是在语言使用和发展中，在各成分的互动基础上浮现出的整体结构义。母语者和二语者在双宾句加工中可提取该构式义，并参与到句子的理解和意义整合；由于习得年龄和汉语水平等因素的影响，二语者对构式义的提取稍晚于母语者；二语者意识到构式义和句中成分存在冲突的难度不大，但他们利用构式义对出现冲突的动词和论元角色进行压制的难度则大于母语者。

6.2 基于eADM句子加工理论的汉语双宾构式压制句加工过程

随着构式研究的深入，构式压制作为加工中的重要环节，受到了更多的关注。压制本身包含了很多现象，本书主要关注的是构式压制，即构式义可以迫使动词增加或减少参与者角色（Goldberg，2007：51）。构式压制的过程是构式义和动词及相关论元角色互动的过程。关于句子加工理论，人们如何能够在短时间内整合词汇、语义、句法等各方面的信息，快速进行论元角色[①]的指派从而正确理解句子，一直是困扰心理语言学家的问题（王瑞乐，李妮，陈宝国，2010）。

围绕这一问题，研究者们提出了不同的理论模型。弗里德里希（2002）提出了句子加工中的三阶段神经认知模型，认为句子的加工可以分为三个阶段：第一阶段是基于词类信息的句法建构，第二阶段是并行的语义信息加工和形态句法信息加工；第三阶段是句法和语义信息的交互作用，最终完成句子的理解。其主张句法加工优先于语义加工并独立于语义加工，句法加工结束后才能进入语义加工，句法加工的失败将阻碍词汇语义的整合。但这一模型对汉语句子加工的解释仍有争议（Ye, et al.，2006；王小艳，2013；Yu & Zhang，2008；Zhang，Yu & Boland，2010.）。

① 在文章中，题元角色（thematic roles）指句法结构中各部分与谓语动词间的语义关系。常见的题元角色主要有：施事（agent），指动作的发出者；客体（theme），指具有特定位置或位移的客体；接受者（recipient），指接受客体的一方。这与构式理论中结构的论元角色是一致的。为了方便指称，将原文中所指的题元角色改称为论元角色。

博恩克瑟和莱斯韦斯基（2006，2008）提出了扩展的论元依赖模型，旨在探讨句子论元之间的关系，以及论元和动词之间的关系。该模型关心核心成分的加工，提出句子理解过程中在对每一个单独输入的单元进行加工时，可以分为三个阶段：第一阶段是词类范畴信息的加工；第二阶段主要是处理动词和论元的关系，或者各论元之间的关系，是论元角色指派的过程。这一过程会涉及多种信息，如论元角色的突显性（prominence）、连接性，以及可能性等，并对这些信息进行整合，第三阶段是普遍映射的过程，对所有的可用信息进行整合，包括第二阶段整合的结果及其他可用的信息（如世界性知识等）。如图6-2所示。

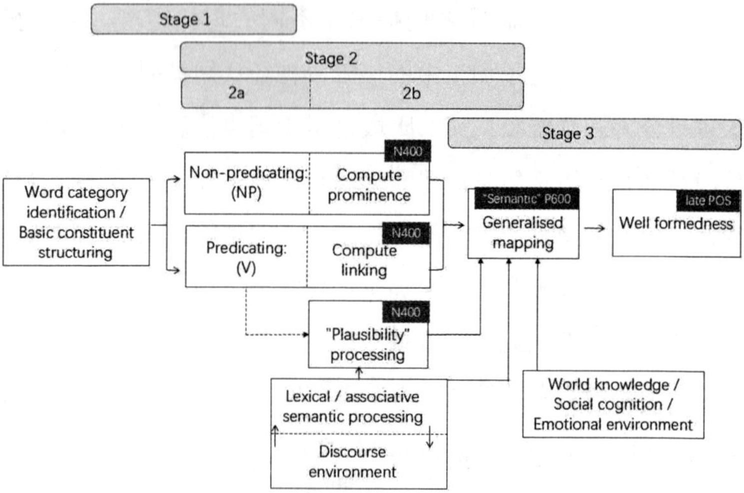

图6-2　博恩克瑟和莱斯韦斯基的eADM模型（Bornkessel& Schlesewsky，2008）①

① 这一模型由博恩克瑟和莱斯韦斯基根据其2008年提出的eADM模型简化而来，主要用于语义P600的解释。

eADM模型的第一阶段，主要是词类信息的识别，激活短语结构模板。这一短语结构模板只有词类信息，编码论元的数量，以及它们相对于动词的位置，没有任何相关的其他信息（如没有一致性、没有格标记、没有论元角色）。eADM模型的第一阶段与弗里德里希（2002）三阶段神经认知模型中的第一阶段一致，都认为句法加工具有优先性，词类信息的违反将阻碍语义的加工，诱发ELAN效应。

eADM模型的第二阶段完成句子形式和意义映射关系的建立，论元之间关系的建立，以及动词和论元关系的建立。这一阶段可以分成两个子阶段：阶段2a是从输入的词项中激活和提取相关的特征，所有的计算则在阶段2b完成，阶段2b反映了编码的结果和第二阶段的加工效果。在该模型中，三个阶段之间有先后顺序，前一阶段完成之后才能进入后一阶段，但是同一阶段内部是层级性的而非严格的序列。阶段2a中如果遇到的是动词，则提取动词的语义特征与所指派的论元角色整合，确定哪个是施事者，哪个是受事者；如果遇到的是名词，则根据突显性特征完成初步论元角色分配，并根据合理性和语篇环境等完成语义整合加工。

eADM模型与三阶段神经认知模型的不同之处主要在第二和第三阶段。eADM认为在句子加工的第二阶段句法和语义信息是交互作用的，不同于三阶段神经认知模型中句法信息和语义信息在第二阶段各自独立的观点（杨玉芳，2015：231）。本书对动词、NP_1、NP_2各关键词，以及句子加工指标的分析结果支持eADM模型第二阶段句法和语义信息相互作用、共同完成语义加工的观点。下面将以此模型为框架，讨论汉语双宾压制句的加工过程。

6.2.1 基于eADM模型的母语者汉语双宾压制句加工过程

本书中构式压制句的加工机制主要体现在B类可压制句中，因此，下面将重点讨论B类句加工过程中动词和论元角色的互动关系。本书主要考察了动词、NP_1、NP_2三个关键词后母语者和二语者的ERP数据，因此以下的讨论也将围绕这三个关键词展开。

6.2.1.1 母语者对双宾句中动词的加工

按照eADM模型，面对所输入的单元，第一阶段提取词类信息，如果出现词类信息违反则诱发ELAN。本书实验二中“Nv+了”的加工结果与该预测不完全相同。实验二中B类句（可压制句）和C类句（不可压制句）的动词都是由名词临时充当的，如B类“淘宝了”，C类“长裤了”，存在词类信息违反，但并没有诱发ELAN效应，而是诱发了不同程度的N400效应，这表明词类信息的违反并没有阻碍语义的加工。汉语不同于形态标记丰富的印欧语，汉语词类没有明显的词形标记，词类信息的违反不一定会诱发ELAN效应。叶铮等（2006）以汉语“把”字句为材料，在句法和语义双违反的条件下“木匠需要木材，把扫了”，发现“扫”后50 ms诱发了ELAN效应。喻婧和张亚旭（2008）将叶铮等“把”字句中通过删除所形成的句法语义双违反改为由替换所形成的句法和语义的双违反，如“清洁工把大厦全部的窗户全部糖了一遍”，结果发现在“糖”后面并没有诱发ELAN，而是诱发了N400。陈路遥（2018）的研究也发现，汉语句子加工中词类信息的违反未能阻碍语义加工。本书的结果与此一致，且发现B类句（可压制句）和C类句（不可压制句）中的Nv都诱发了不同程度的N400。B类Nv与C类Nv的主要差别在于B类Nv的物性特征使其更适宜充当动词，而C类Nv只适合充当名词。基于eADM模型的第二阶段，当加工器遇到的是谓语动词时，在语义加工阶段会激活动词的相关语义特征，如物性结构等信息用于语义整合的计算过程。实验二中B类句、C类句中两类Nv的不同导致了动词后三类句子之间诱发了差异显著的N400。在实验三中，母语者不仅提取了动词的论元角色特征，计算动词与论元角色之间的连接性，而且整合了对动词后成分的预期，共同参与阶段二2b中各种信息的计算。因动词的参与者角色信息和预期不一致，所以诱发了差异显著的N400。

上述分析表明，母语者对双宾句的加工中，尽管动词（名转动词）存在词类信息违反，但并未阻碍动词后续的语义加工。在动词的加工中，可提取动词的语义特征，比如物性结构特征、动词的参与者角色特征和其连接性，以及对后续加工成分的预期，通过多种信息的计算，完成初步的语义整合。

6.2.1.2 母语者对双宾句中NP_1的加工

动词后出现的NP_1，可视为动词的一个接受者论元。加工器提取NP_1的相关特征，如语义特征、突显性特征（如生命性）等，并计算NP_1与动词之间的连接性。如果存在和动词整合的可能性，根据最小附加原则（杨玉芳，2015：192），加工器将建构最小的可能的结构，此时NP_1的N400波幅与A类句（无压制句）没有差异。实验三中母语者NP_1后的N400波幅在三类句子之间均无显著差异，说明母语者在此阶段将NP_1作为一个论元成分与动词进行了整合。如果NP_1无法与动词整合，此时NP_1诱发的N400将显著区别于A类无压制句。实验二中B类可压制和C类不可压制的“Nv+了”后都不允许出现NP_1，无法进行Nv和NP_1的整合，因此B类句和C类句中的NP_1都诱发了明显的N400效应，显著区别于A类句。

6.2.1.3 母语者对双宾句中NP_2的加工及语义整合

"V/Nv+了+NP_1"后出现的NP_2，可视为动词的一个受事论元。在300～400 ms之间加工器也将提取NP_2的相关特征，如语义特征、突显性特征等，并根据已加工的动词的论元角色等各种相关信息的提取计算连接性。与NP_1阶段语义加工不同的是，在NP_2的语义加工中，参与计算的各种信息还包括构式义。如果违反了构式义，则诱发出较大的N400，如实验三中C类句（不可压制句）在此时间窗口诱发了最大的N400波幅。在400～450 ms之间提取构式义与动词更精细的语义特征互动，这一过程应属于eADM模型中第二阶段的2b。如果构式义与动词义存在整合的可能性，则N400波幅明显变小。实验二中B类句NP_2后的N400波幅在400～450 ms之间有明显的下降趋势，因为B类句中Nv的物性特征或其功能可见性与双宾构式的传递义一致，构式义和动词义可以部分整合，构式义能够对动词中的部分冲突进行压制，完成语义整合。如果构式义与动词义之间存在冲突，则N400波幅明显增大。实验三中B类句中动词参与者角色更精细的语义特征与构式义存在冲突，因此在构式义和动词义的互动过程中，N400波幅有上升的趋势。在450～500 ms动词义和构式义的互动完毕，完成句子语义的理解，也属于eADM模型中第二阶段的2b，各种信息计算完成，反映了第二阶段的加工效果。在NP_2后450～500 ms时间窗口内实验二中B类句中NP_2的N400波幅下降，并显著区别于C类句中NP_2的波幅。但实验二中B类句因为Nv本身的句法语义特征与构式义冲突过大，其N400波幅始终区别于A类句，这表明虽然被试能够整合名转动词可压制句的语义，但该类双宾句始终是不符合汉语句法规则的句子。实验三中NP_2后450～500 ms时间窗口内，B类句NP_2的波幅上升，并显著区别于A类句中NP_2的波幅，表明被试虽然认为B类句中的二价/准三价动词能够带三个论元角色，构式也赋予了动词额外的接受者论元，但动词本身参与者角色与构式义论元角色之间存在冲突，可压制句仍然被作为句法结构不规范的句子进行加工。

母语者汉语双宾压制句的加工过程示意图如图6-3所示。

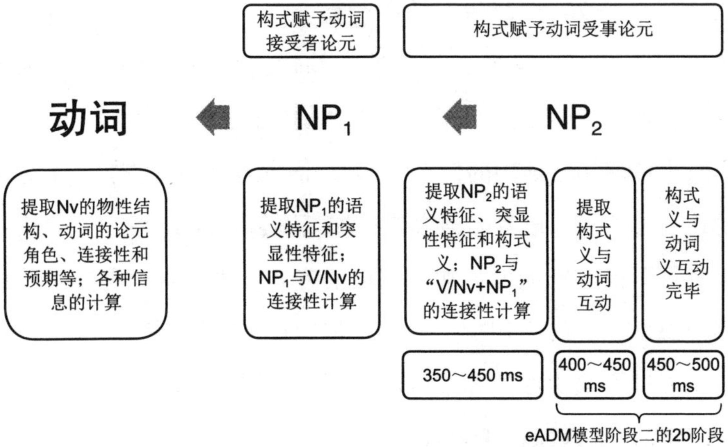

图6-3　母语者汉语双宾构式压制机制示意图

通过上述对母语者双宾构式压制句加工中构式义与各成分互动关系的探讨，基于eADM模型，可以发现在各成分加工中，可提取词汇本身的信息特征并计算与相关成分的连接性；构式义与动词的互动发生在句尾的信息整合阶段，即eADM模型中第二阶段的2b阶段——已提取特征的计算这个阶段，通过与动词语义特征的互动，完成构式压制。同时词类信息的违反不会阻碍汉语语义的加工，包括构式义的加工。

6.2.2 基于eADM模型和浅结构假说的二语者汉语双宾压制句加工过程

克拉森和费尔泽（Clahsen & Felser，2006a，2006b）提出了浅结构假说（the shallow structure hypothesis），认为二语者和母语者的加工方式存在差异：1）相比于母语者，二语者对各种不同信息（如语法、语义、语境等）的在线整合有一定困难。母语者能够迅速整合词汇的、语义的、语篇的、韵律的和句法结构的信息，而二语者在线加工则更依赖于非句法结构的信息，如词汇、语义和语境，较少依赖句法结构的信息；2）二语者对目的语的加工不如母语者迅速，反映了二语者的语言信息加工不具有自动性；3）二语者的母语特征可能会影响他们加工二语的方式。克拉森等主要通过对二语的形态加工、歧义句加工和语言依存加工进行研究，发现二语者的句法表征不是深度的和细致的，而是浅层的、缺少细节的和粗略的（Clahsen & Felser，2006a）。

本书通过考察二语者对汉语双宾构式压制句的加工过程，并与母语者进行对比，发现按照eADM句子加工理论的解释和预测来说，二语者和母语者对句子成分和语义整合的总体阶段相同；但从各阶段的具体加工方式和效果来说，两组被试的构式压制机制存在不同。本书仅在实验三中发现二语者能够提取构式义并与动词意义进行互动。下面基于浅结构假说，通过对二语者三个关键词加工的分析，探讨二语者汉语双宾构式压制句的加工机制。

6.2.2.1 二语者对双宾句中动词的加工

二语者对动词的加工与母语者有以下相似之处：1）词类信息的违反（实验二B、C两类句子中的“Nv+了”）未能阻碍语义的加工，二语者在实验二中，两类“Nv+了”都诱发了较大的N400，同样表明汉语加工中句法并不优先于语义；2）二语者对动词语义的加工也体现了eADM模型第二阶段的特点，即提取动词的各种信息，包括Nv的物性特征、动词的论元角色特征，并计算动词论元角色之间的连接性，而且整合了对动词后成分的预期，共同参与阶段二2b中各种信息的计算，表明二语者对动词的语义信息有较好的掌握。不同于母语者的是，实验二中两类“Nv+了”后没有诱发P600成分，表明二语者在句法加工中，更依赖词汇知识和语用知识，这一结果与浅结构假说一致。

6.2.2.2　二语者对双宾句中NP_1的加工

与母语者自动高效地整合加工不同，二语者不能对汉语双宾构式压制句各成分的信息进行及时的整合。动词后出现NP_1，从动词与论元关系的角度分析，应该是双宾结构赋予了动词一个接受者论元。但二语者无法及时将NP_1与动词进行整合，仅仅对NP_1本身的语义进行了加工，体现为实验二中NP_1后的N400波幅在三类动词与论元关系不同的句子之间差异均不显著，与母语者B、C两类句中NP_1后的N400波幅显著大于A类句的加工结果不同。

6.2.2.3　二语者对双宾句中NP_2的加工及语义整合

本书对NP_2的加工结果显示，一直到NP_2后450 ms左右，二语者被试仍仅对三类NP_2本身的语义进行加工。在NP_2后450～500 ms之间，二语者被试开始整合动词、NP_1和NP_2的语义信息，并提取构式义。如果句中动词本身不能携带三个论元角色，并且其意义与双宾构式的转移义没有关系，则句子语义无法整合，表现在实验三中C类不可压制的NP_2后诱发了最大的N400波幅。如果句子动词本身有可能带三个论元角色，且其意义能够与双宾构式义整合，则构式义与动词中能够整合的语义特征结合，完成句子的语义加工，句子语义可理解，表现在实验三中B类可压制句的NP_2后N400波幅相比于动词有了明显的下降。但二语者对句法表征的推断相比于母语者更浅，更缺少细节（Clahsen & Felser，2006b），二语者对动词参与者角色和构式论元角色的数量信息敏感，因此能够觉察到不可压制动词（二价动词）对双宾构式义的违反，但对动词的参与者角色是否符合构式论元角色的凸显模式，或者动词的参与者角色是不是构式论元角色的理想实例等更细节、更深层的信息不敏感。因此，B类句（可压制句）NP_2后的N400波幅介于A类句（无压制句）和C类句（不可压制句）之间，与A、C两类句子的差异都不显著。

二语者双宾构式压制句的加工机制如图6-4所示。

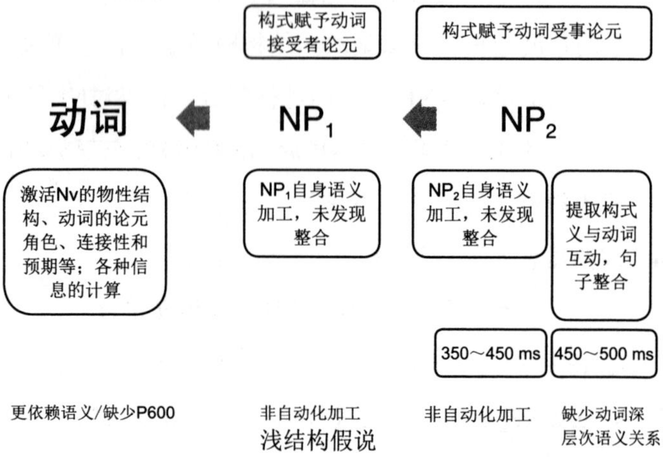

图6-4 二语者汉语双宾构式压制机制示意图

综上所述，通过对母语者和二语者三个关键词后加工方式的探讨可知，汉语双宾句加工中词类信息的违反都不会阻碍对语义的继续加工，但两组被试对汉语双宾构式压制句的加工机制存在不同。

母语者对汉语双宾构式压制句的加工更加符合eADM模型对加工阶段及加工方式、结果的预测，在各关键词的语义加工阶段，提取各种信息，用以计算整合语义。在句尾NP_2的加工中，除了NP_2本身的语义信息、突显性特征、与“V/Nv+了+NP_1”之间的连接性等信息外，还能够提取构式义，并通过构式义和动词的互动参与所有信息的计算，完成语义整合加工。

与母语者自动化的加工不同，二语者对句子成分加工和语义整合的阶段与eADM模型的预测一致，但各环节的加工方式和结果更符合浅结构假说。他们更加依赖语义信息的加工，较难自动化地实现高效的语义整合，缺乏对动词更深层次语义的认识；比较容易侦测到构式义违反，但通过提取构式义压制动词中的语义冲突相对困难。

6.3 汉语双宾构式压制句加工中构式压制的实现条件

构式语法首提抽象的结构带有意义，对动词的意义用参与者角色描写，结构的意义用论元角色来描写，句子的意义是动词意义和结构意义的互动（Goldberg，2007：41）。本书的实验结果发现，母语者和二语者都可提取双宾结构的构式义并参与句子意义的整合，但不同句子、不同阶段的加工模式却有所不同。那么，当进入双宾句的动词和论元成分与构式存在句法和语义冲突时，构式在何种条件下能够对出现的句法语义冲突进行压制，以完成语义整合？本部分将通过对比三类（无压制、可压制和不可压制）不同双宾句加工方式的异同，探讨母语者和二语者汉语双宾构式压制句加工中构式压制得以实现的条件。

6.3.1 母语者汉语双宾构式压制句加工中构式压制的实现条件

实验二和实验三的结果显示，母语者无论在强冲突还是弱冲突条件下都能提取构式义，实现构式压制，完成句子语义整合，理解句子语义，因此动词与构式冲突的强弱不一定影响母语者构式压制的实现。当动词语义特征与构式义的要求不一致时，压制无法进行，句子语义不可理解。在本书中体现为实验二中的C类句（名转动词不可压制句）和实验三中C类句（动词不可压制句），两类材料中都因动词（或名转动词）的语义特征不具有传递义，与双宾构式义形成违反而导致构式压制的失败。但是，当动词语义特征与构式义的要求一致时，不论词类和词义是否典型，构式压制都有可能实现，进而理解句子。在本书中体现为实验二中Nv因为物性角色或功能可见性与构式的传递义一致，因此能够通过构式义与Nv的互动完成构式压制；实验三中B类句（可压制句）中的动词虽然句法结构上一般不形成双宾句，但存在带三个论元角色的可能性，与构式的传递义一致，因此也能够通过构式赋予动词一个接受者论元，完成构式压制，句子语义可理解。

对于母语者来说，不论动词的词类典型性（如名转动词）、词义（如给予义）典型性如何，只要词义中含有与构式义关键特征（如双宾构式中的“转移”）匹配的信息，压制就有可能实现。这可能也是汉语中各种不符合语法规范的、新的语言现象不断出现的原因之一，例如“很中国”，程度副词“很”的语义要求匹配的是具有程度量级的形容词，进入该结构后，“中国”就具有了某种性质或特征。另一方面，用于压制的构式义应当明确、典型，否则无法成功压制，例如并不是所有与形容词搭配的成分都可与“中国”

这样的词搭配并形成压制，如“*过分中国”，因为“过分”往往指（说话、做事）超过一定的程度或限度，要求搭配的形容词往往是用来形容人或与人相关的特征，如谦虚、严格。“中国”作为一个无生命名词，尽管很容易通过隐喻等手段赋予其生命性，但“中国”本身不具有典型的有生性，不是“过分”所要求形容词的理想实例。此外，压制成功似乎也要求构式义明确，从而形成足够的压制力。例如汉语中句法结构类型多样，但目前比较认可的构式并不多，如双宾构式、存现构式等。这也许是因为此类结构在典型句法特征和典型词义的共同作用下，更易形成特定的结构义，并反过来可以对进入其中的成分形成压制。因此，本书关于构式压制句加工条件的分析也许能够为语言学领域关于构式义的形成、构式压制的条件提供研究视角。

6.3.2 二语者汉语双宾构式压制句加工中构式压制的实现条件

与母语者在实验二的名转动词句和实验三的动词句加工中均可提取构式义，并对冲突形成压制不同，二语者被试仅在弱冲突条件下通过构式压制实现了语义整合，而在强冲突（词类和语义冲突）条件下，二语者无法提取构式义，通过构式压制整合句子意义。

实验三在动词句的NP_2后450～500 ms之间，二语者能够提取构式义，并对可压制句中动词存在的冲突进行互动，句子语义可以理解。不可压制句中动词因为不带有三个论元角色，尤其是不能形成转移义，无法与双宾构式形成互动，因而构式压制失败，表明构式压制能够实现的基本条件之一，是关键词语的句法和语义特征义与构式义一致，这一点与母语者是相同的。

但实验二的结果显示，二语者在B类句（可压制句）的NP_2后未通过压制解决冲突并整合语义，这表明当句中关键成分和构式义的冲突过大时，二语者无法调节冲突并理解语义，这也许源于词类信息在汉语句子加工中的重要作用。二语者纸笔翻译任务结果显示，在离线任务中，构式能够更好地解决（名转）动词的句法语义冲突。实验二中，58.4%的被试正确翻译了名转动词双宾构式压制句；实验三中，有80.2%的被试正确翻译了给予义动词双宾构式压制句。在没有时间限制、可以反复回看的加工中，二语者无需及时快速整合各种信息，因此可以在一定程度上形成构式压制；但58.4%和80.2%的理解率仍然证明了冲突强度在二语者构式压制句中所起的重要作用。

上述分析显示，与母语者不同的是，对于二语者而言，压制的实现不仅需要动词义中含有与构式义关键特征（如双宾构式中的“转移”）匹配的信息，而且成分与构式义的冲突强度对压制过程和结果也起重要作用。当动词在句法和语义上都与构式义形成强冲突时，二语者在快速加工中无法对意义形成调节和整合，构式压制无法实现。

6.4 对汉语研究及汉语作为第二语言教学研究的思考

本书选取冲突程度和类型不同的两类双宾构式压制句，考察了母语者和二语者在加工双宾构式压制句时动词和构式的互动过程，以及构式压制实现的条件，其研究结果也可以为汉语本体研究及汉语作为第二语言的教学研究提供一点思考。

6.4.1 对汉语名转动词研究的思考

本书实验一和实验二选用的B类句（可压制句）和C类句（不可压制句）是活用名转动词构成的双宾句，如："小李百度了小王一家酒店"（B类句）、"小李饭店了小王一家酒店"（C类句）。有关汉语名词的名转动词现象的研究很多，张伯江（1994）认为无论是临时活用还是兼类词，都反映了汉语中部分名词的体词性身份是可以松动的，即功能上的游移性，并从生命度、典型性和无指性三个方面对名词活用现象进行解释，并提出低生命度名词（相比于高生命度名词）、抽象名词（相比于具体名词）、无指名词（相比于有指名词）更容易发生功能的游移。卡沙克和格伦伯格（2000）用功能可见性来解释名转动词何以能够被理解。徐盛桓（2001a）认为名词里所含有的表动作的语义内容是名词转用做动词的语义基础。王冬梅（2001）根据名词相对动词承担的论元角色将名转动词现象分为11类，并认为名转动词是一种概念转喻，是以"事物"为参照点来确定目标体"关系"的认知过程。用来转指关系的事物应该是诸事物中最显著的那个事物，能确定无误地激活相关的关系。但是上述分析或过于简略，如张伯江仅对名词的三种语义特征进行了分析；或失于烦琐，如王冬梅划分了11种类别的名转动词现象；或略显空泛，如卡沙克和格伦伯格的功能可见性未能摆脱百科知识的特点，徐盛桓也并未明确对名词所包含的表动作的语义内容有更详细的描写。宋作艳（2013，2018）认为用事件强迫来解释名词动用具有形式化、概括性更强和释义更准确的优点，采用物性结构分析名转动词现象，提出具有明确、单一的功用角色的名词，尤其是具有间接功用角色[1]的名词更容易被用作动词。

本书实验二根据名词的物性角色选取了两类名词，B类可压制的名转动词其物性特征与构式义不冲突，而C类不可压制的名转动词其物性特征与构式义无关，结果两组被试在加工两类“Nv+了”时都诱发了差异显著的N400，表明名词的物性特征作为一种语义特征会影响名词充当动词的能力。从本书所选语料来看，当两个名词都具有间接功用角色时，其充当动词的能力也不同，如“微信了”的可接受程度高于“图书了”。仅根据本书所选材料来看，在名词都具有间接功用角色的情况下，如果功用角色所表达的活动动作性越强，则该名词在充当动词时越容易被接受。比如，“微信”的间接功用角色所表达的活动多为“传递信息”，而“图书”的间接功用角色所表达的活动多为“阅读”，这或许也就是徐盛桓（2001a）所说的名词中所含的表动作的语义内容。

综上，本书中所选取的两类物性特征不同的名词表现出了不同的充当动词的能力，仅在动词加工阶段就诱发了差异显著的N400效应，表明名词物性结构的不同确实会影响名词的语义加工。在此基础上，还发现即使同样具有间接功用角色的两类名词充当动词的能力也不相同，因此需要对汉语名转动词现象有更深入的研究。

① 宋作艳（2013）功用角色可以分为两种：一种是直接功用角色，事物是功用角色所表达的活动的直接对象，如“书”是“读”的直接对象，所以“读”是“书”的直接功用角色；另一种是间接功用角色，事物不是功用角色所表达活动的直接对象，如“切”是“刀”的间接功用角色，因为“刀”不是“切”的对象，而是用来切其他东西的工具。

6.4.2 对汉语作为第二语言教学研究的思考

双宾结构作为一个汉语基本结构，是二语者汉语习得过程中的重点之一。本书考察了二语者汉语双宾构式压制句加工过程中构式义与各构成成分的互动过程，研究的结果也可为以往二语习得中的某些现象和研究结果提供解释。

以往习得研究表明双宾结构式本身的习得并不难，难点在于双宾结构和其他结构的混用（武新云，2016），以及进入双宾结构的动词（冯丽萍，盛双霞，2004；常辉，2014）。

冯丽萍和盛双霞（2004），武新云（2016）都发现二语者常常将双宾构式和兼语构式混用，如“他们给了我吃惊。[①]”“这件事儿让我很深的印象。”这表明二语者对两种构式的形式和意义的特点未能完全掌握，兼语的结构特点为“V_1+NP+V_2”，表示一种“致使”义（武新云，2016）；双宾构式的结构特点为“V+NP_1+NP_2”，表示“传递”义。此外，二语者还常常出现双宾构式和与格构式的混用，多表现在言说类动词，如“给你们告诉一个好消息。”（武新云，2016），“老师讲我课。”等，这主要和言说义内部各动词用法的不同有关（冯丽萍，盛双霞，2004）。

本书的研究表明，构式压制句的加工需要经过构式义提取、构式义与其中成分的互动等环节，其中每个环节都有其实现条件，尤其是二语者。如果对构式义，或者对其中成分尤其是动词的要求掌握不足，就会出现偏误。

① 下划线部分表示出现偏误的部分，下同。

双宾构式作为语言中的基本结构，在英语和汉语中都有，且结构形式完全相同，都是“$V+NP_1+NP_2$”的结构形式；结构表示的意义也有部分重合，都可以表示“给予”的意义。并且，汉语双宾构式作为汉语中的一个基本构式，其标记性相对较低（相比于汉语中的“把”字句、“被”字句、存现句等），因此汉语双宾构式本身的结构特征及其构式义并非习得的难点。英、汉语中能够进入双宾构式的动词则有较大的差异。汉语双宾构式除了表示“给予”义之外，还可以表示“索取”和“予夺不明”的意义（石毓智，2004），仅就“给予”义双宾构式而言，其准入动词也有很大的差别。张国华（2011：78）指出，汉语允许使成义的形容词（动词）进入而英语一般不能，英语允许为动义、抛掷义动词和创制义二价动词进入而汉语一般不能。英语中可以说“write him a letter”，“throw him a ball”，汉语中“写”和“扔”一般不能直接进入双宾构式，一般要加上介词，如“写给他一封信”“扔给他一个球”。相比于英语，汉语动词包含动作和方式，不包含结果，结果由补语提供（朱旻文，2013），因此汉语这类动词进入双宾构式需要在动词后加上介词“给”做补语。而英语中这类动词本身暗含空间位移信息及潜在运动方向或终点（张国华，2011：79），因此这类动词能够直接进入双宾构式。学习者由于对汉语动词特征、对构式与动词的关系掌握不足，所以会出现不该用双宾构式而用的情况。

在二语教学过程中要逐步培养二语学习者的构式意识（施春宏，2017），除了明确结构特征和意义特征外，还要建立其结构和意义的联系。首先进行典型构式的教学，本书也发现，二语者加工三价动词构成的双宾构式句时耗费的认知资源最少，并且当动词和构式义之间冲突过大时，二语者无法对动词的句法语义冲突进行成功压制（实验二结果）。在获得了基于范例的概括性知识，建立了完整的心理表征之后，再将典型的构式用例进行扩展。要清楚地了解扩展的条件，对每一类进入构式的动词进行详细的讲解和说明，因为二语者只有明确了构式与其准入动词之间的关系，才能对构式进行正确地扩展和引申。

附录A　实验一中的全部实验材料

序号	组序号	实验句	条件	动词词频	动词笔画数
1	1	小李告诉了小王一个秘密。	A	4.79	14
2	1	小李电话了小王一个秘密。	B	4.26	13
3	1	小李酒精了小王一个秘密。	C	2.73	24
4	2	小李转让了小王一家酒店。	A	1.69	13
5	2	小李百度了小王一家酒店。	B	0.30	15
6	2	小李饭店了小王一家酒店。	C	2.81	15
7	3	小李送还了小王一张照片。	A	1.00	16
8	3	小李谷歌了小王一张照片。	B	1.04	21
9	3	小李资料了小王一张照片。	C	3.34	20
10	4	小李送给了小王一斤海鲜。	A	3.02	18
11	4	小李顺丰了小王一斤海鲜。	B	2.27	13
12	4	小李龙虾了小王一斤海鲜。	C	2.44	14
13	5	小李递给了小王一件衣服。	A	2.52	19
14	5	小李淘宝了小王一件衣服。	B	1.04	19
15	5	小李长裤了小王一件衣服。	C	1.57	16
16	6	小李通知了小王一个消息。	A	3.44	18
17	6	小李语音了小王一个消息。	B	2.50	18
18	6	小李远方了小王一个消息。	C	2.01	11
19	7	爸爸给了小王一个西瓜。	A	5.07	9
20	7	爸爸冰了小王一个西瓜。	B	3.20	6

续表

序号	组序号	实验句	条件	动词词频	动词笔画数
21	7	爸爸桃了小王一个西瓜。	C	2.50	10
22	8	小李转告了小王一个消息。	A	2.40	15
23	8	小李短信了小王一个消息。	B	2.50	18
24	8	小李新闻了小王一个消息。	C	3.54	22
25	9	领导交给了小王一份合同。	A	3.25	15
26	9	领导邮件了小王一份合同。	B	3.08	13
27	9	领导法律了小王一份合同。	C	3.48	17
28	10	小李转交了小王一份公文。	A	2.10	14
29	10	小李快递了小王一份公文。	B	2.27	17
30	10	小李课桌了小王一份公文。	C	1.11	20
31	11	小李发给了小王一张图片。	A	2.61	14
32	11	小李微信了小王一张图片。	B	4.26	22
33	11	小李图书了小王一张图片。	C	2.03	12
34	12	小李招待了小王一顿午饭。	A	2.55	17
35	12	小李微波了小王一顿午饭。	B	1.83	21
36	12	小李早饭了小王一顿午饭。	C	2.69	13

依据《汉语国际教育用音节汉字词汇等级划分（国家标准）》，6个B类可压制名转动词出现在词汇等级大纲中，其中初级3个，分别为电话、语音和短信；中级2个，分别为冰和邮件；高级1个，即快递。

附录 B　实验二中的全部实验材料

三类动词

A类无需压制的动词	B类可压制的名词	C类不可压制的名词	第一类NP_2	第一类NP_2
告诉	电话	酒精	一个秘密	一个喜讯
转让	百度	饭店	一家酒店	一家旅店
送还	谷歌	资料	一张照片	一段视频
送给	顺丰	龙虾	一斤海鲜	两箱水果
递给	淘宝	长裤	一件衣服	一件大衣
通知	语音	远方	一件事	一个消息
给	冰	桃	一个西瓜	一瓶啤酒
归还	礼物	戒指	一对耳环	一条项链
招待	微波	早饭	一顿午饭	一顿晚饭
退还	红包	货币	一百块钱	十块钱
转告	短信	新闻	一个消息	一件事
发送	附件	姓名	一份名单	一篇文章
嘱咐	电报	酒会	一件事	一句话
补助	奖金	权利	一千块钱	一年工资
交给	邮件	法律	一份合同	一个包裹
转交	快递	课桌	一份公文	一份文件
发给	微信	图书	一张图片	一个消息
转送	汽车	椅子	一批货物	

注：百度、谷歌、淘宝、顺丰，作为专有名词，在《现代汉语词典》中没有收录，但是在日常生活中有较为广泛地使用。

依据《汉语国际教育用音节汉字词汇等级划分（国家标准）》，11个B类可压制名转动词出现在词汇等级大纲中，分别如下。

初级：电话、语音、礼物、短信、汽车

中级：冰、电报、奖金、邮件

高级：红包、快递

实验句

序号	组序号	实验句	条件	动词词频	动词笔画数
1	1	小李告诉了小王一个秘密。	A	4.79	14
2	1	小李电话了小王一个秘密。	B	4.26	13
3	1	小李酒精了小王一个秘密。	C	2.73	24
4	2	小李转让了小王一家酒店。	A	1.69	13
5	2	小李百度了小王一家酒店。	B	0.30	15
6	2	小李饭店了小王一家酒店。	C	2.81	15
7	3	小李送还了小王一张照片。	A	1.00	16
8	3	小李谷歌了小王一张照片。	B	1.04	21
9	3	小李资料了小王一张照片。	C	3.34	20
10	4	小李送给了小王一斤海鲜。	A	3.02	18
11	4	小李顺丰了小王一斤海鲜。	B	2.27	13
12	4	小李龙虾了小王一斤海鲜。	C	2.44	14
13	5	小李递给了小王一件衣服。	A	2.52	19

续表

序号	组序号	实验句	条件	动词词频	动词笔画数
14	5	小李淘宝了小王一件衣服。	B	1.04	19
15	5	小李长裤了小王一件衣服。	C	1.57	16
16	6	小李通知了小王一个消息。	A	3.44	18
17	6	小李语音了小王一个消息。	B	2.50	18
18	6	小李远方了小王一个消息。	C	2.01	11
19	7	爸爸给了小王一个西瓜。	A	5.07	9
20	7	爸爸冰了小王一个西瓜。	B	3.20	6
21	7	爸爸桃了小王一个西瓜。	C	2.50	10
22	8	小李归还了女友一对耳环。	A	2.21	12
23	8	小李礼物了女友一对耳环。	B	3.60	13
24	8	小李戒指了女友一对耳环。	C	3.20	16
25	9	小李招待了小王一顿晚饭。	A	2.55	17
26	9	小李微波了小王一顿晚饭。	B	1.83	21
27	9	小李早饭了小王一顿晚饭。	C	2.69	13
28	10	小李退还了小王一百块钱。	A	1.53	16
29	10	小李红包了小王一百块钱。	B	1.23	11
30	10	小李货币了小王一百块钱。	C	2.09	12
31	11	小李转告了小王一件事。	A	2.40	15
32	11	小李短信了小王一件事。	B	2.50	18
33	11	小李新闻了小王一件事。	C	3.54	22
34	12	小李发送了小王一份名单。	A	2.78	14
35	12	小李附件了小王一份名单。	B	1.66	13

续表

序号	组序号	实验句	条件	动词词频	动词笔画数
36	12	小李姓名了小王一份名单。	C	2.70	14
37	13	妈妈嘱咐了小王一件事。	A	1.58	23
38	13	妈妈电报了小王一件事。	B	2.33	12
39	13	妈妈酒会了小王一件事。	C	2.02	16
40	14	公司补助了小王一千块钱。	A	1.81	14
41	14	公司奖金了小王一千块钱。	B	2.75	17
42	14	公司权利了小王一千块钱。	C	3.32	13
43	15	领导交给了小王一份合同。	A	3.25	15
44	15	领导邮件了小王一份合同。	B	3.08	13
45	15	领导法律了小刘一份合同。	C	3.48	17
46	16	小李转交了小王一份公文。	A	2.10	14
47	16	小李快递了小王一份公文。	B	2.27	17
48	16	小李课桌了小王一份公文。	C	1.11	20
49	17	小李告诉了小王一个喜讯。	A	4.79	14
50	17	小李电话了小王一个喜讯。	B	4.26	13
51	17	小李酒精了小王一个喜讯。	C	2.73	24
52	18	小李转让了小王一家旅店。	A	1.69	13
53	18	小李百度了小王一家旅店。	B	0.30	15
54	18	小李饭店了小王一家旅店。	C	2.81	15
55	19	小李送还了小王一段视频。	A	1.00	16
56	19	小李谷歌了小王一段视频。	B	1.04	21
57	19	小李资料了小王一段视频。	C	3.34	20

续表

序号	组序号	实验句	条件	动词词频	动词笔画数
58	20	小李递给了小王一件大衣。	A	2.52	19
59	20	小李淘宝了小王一件大衣。	B	1.04	19
60	20	小李长裤了小王一件大衣。	C	1.57	16
61	21	小李通知了小王一件事。	A	3.44	18
62	21	小李语音了小王一件事。	B	2.50	18
63	21	小李远方了小王一件事。	C	2.01	11
64	22	小李给了小王一瓶啤酒。	A	5.07	9
65	22	小李冰了小王一瓶啤酒。	B	3.20	6
66	22	小李桃了小王一瓶啤酒。	C	2.50	10
67	23	小李归还了女友一条项链。	A	2.21	12
68	23	小李礼物了女友一条项链。	B	3.60	13
69	23	小李戒指了女友一条项链。	C	3.20	16
70	24	小李招待了小王一顿午饭。	A	2.55	17
71	24	小李微波了小王一顿午饭。	B	1.83	21
72	24	小李早饭了小王一顿午饭。	C	2.69	13
73	25	小李退还了小王十块钱。	A	1.53	16
74	25	小李红包了小王十块钱。	B	1.23	11
75	25	小李货币了小王十块钱。	C	2.09	12
76	26	小李转告了小王一个消息。	A	2.40	15
77	26	小李短信了小王一个消息。	B	2.50	18
78	26	小李新闻了小王一个消息。	C	3.54	22
79	27	小李送给了小王两箱水果。	A	3.02	18

续表

序号	组序号	实验句	条件	动词词频	动词笔画数
80	27	小李顺丰了小王两箱水果。	B	2.27	13
81	27	小李龙虾了小王两箱水果。	C	2.44	14
82	28	领导嘱咐了小王一句话。	A	1.58	23
83	28	领导电报了小王一句话。	B	2.33	12
84	28	领导酒会了小王一句话。	C	2.02	16
85	29	小李发送了小王一篇文章。	A	2.78	14
86	29	小李附件了小王一篇文章。	B	1.66	13
87	29	小李姓名了小王一篇文章。	C	2.70	14
88	30	学校补助了老师一年工资。	A	1.81	14
89	30	学校奖金了老师一年工资。	B	2.75	17
90	30	学校权利了老师一年工资。	C	3.32	13
91	31	小李交给了小王一个包裹。	A	3.25	15
92	31	小李快递了小王一个包裹。	B	2.27	17
93	31	小李课桌了小王一个包裹。	C	1.11	20
94	32	小李转交了小王一份文件。	A	2.10	14
95	32	小李邮件了小王一份文件。	B	3.08	13
96	32	小李法律了小王一份文件。	C	3.48	17
97	33	小李发给了小王一张图片。	A	2.61	14
98	33	小李微信了小王一张图片。	B	4.26	22
99	33	小李图书了小王一张图片。	C	2.03	12
100	34	小李发给了小王一个消息。	A	2.61	14
101	34	小李微信了小王一个消息。	B	4.26	22

续表

序号	组序号	实验句	条件	动词词频	动词笔画数
102	34	小李图书了小王一个消息。	C	2.03	12
103	35	小李转送了小王一批货物。	A	1.61	17
104	35	小李汽车了小王一批货物。	B	3.38	11
105	35	小李椅子了小王一批货物。	C	3.07	15

注："条件"列中，A表示无压制句、B表示可压制句，C表示不可压制句。

附录C　实验三中的全部实验材料

三类动词

B类可压制动词（准三价或二价动词）中，加黑字体的动词表示选自HSK作文语料库，加黑且带“*”的是在HSK作文语料库中出现误例的动词。

序号	A类无压制动词	B类可压制动词	C类不可压制动词
1	送	打	修
2	寄	发	过
3	给	**写***	升
4	还	汇	去
5	塞	**捎**	躲
6	递	**带***	坐
7	奖励	**推荐***	乘坐
8	赠送	**介绍***	追赶
9	发现	分享	惊吓
10	赔偿	拨款	走进
11	通知	**讨论***	回到
12	求	讲	来
13	教	唱	出
14	教授	演奏	打扮
15	付给	申请	横穿
16	报告	**透露**	钻进
17	告知	**吐露**	穿过

续表

序号	A类无压制动词	B类可压制动词	C类不可压制动词
18	支援	保存	越过
19	请教	讲解	排斥
20	问	说	逛
21	询问	**解释**	进攻
22	考	读	爱
23	转交	处理	走访
24	麻烦	打扰	组织
25	赞助	**夸耀***	遵守
26	归还	朗读	游过
27	转告	传达	通过
28	告诉	卖弄	翻过
29	回答	告发	走过
30	资助	更新	游览
31	分配	帮忙	攀登
32	请示	难为	发起
33	补偿	**订购**	开展
34	答应	**商量***	参观

实验句

序号	组序号	实验句	条件	动词词频	动词笔画数	NP_2笔画数	NP_2中心词词频
1	1	小李送了小王一个电话。	A	4.12	9	17	4.26
2	1	小李打了小王一个电话。	B	4.49	5		
3	1	小李修了小王一条马路。	C	3.27	9	24	2.55
4	2	小李寄了小王一封信。	A	3.28	11	19	3.87
5	2	小李发了小王一封信。	B	3.80	5		
6	2	小李过了小王一座桥。	C	4.15	6	21	3.03
7	3	小李给了小王一张卡片。	A	5.07	9	17	2.67
8	3	小李写了小王一张卡片。	B	4.13	5		
9	3	小李升了小王一面国旗。	C	2.95	4	32	2.14
10	4	小李还了小王五百块钱。	A	5.12	7	27	4.47
11	4	小李汇了小王五百块钱。	B	2.19	5		
12	4	小李去了小王一个地方。	C	5.21	5	14	4.37
13	5	小李塞了小王一包牛奶。	A	3.23	13	15	1.18
14	5	小李捎了小王一包牛奶。	B	2.14	10		
15	5	小李躲了小王一场大雨。	C	3.42	13	18	1.95
16	6	小李递了小王一份午饭。	A	2.33	10	18	3.15
17	6	小李带了小王一份午饭。	B	4.49	9		
18	6	小李坐了小王一辆火车。	C	5.05	7	20	3.19
19	7	爸爸奖励了孩子一本小说。	A	2.84	16	18	2.99
20	7	爸爸推荐了孩子一本小说。	B	2.76	20		

序号	组序号	实验句	条件	动词词频	动词笔画数	NP_2笔画数	NP_2中心词词频
21	7	爸爸乘坐了孩子一架飞机。	C	2.48	17	19	3.70
22	8	朋友赠送了小王一本新书。	A	1.98	25	23	2.02
23	8	朋友介绍了小王一本新书。	B	3.41	12		
24	8	朋友追赶了小王一支部队。	C	2.10	19	19	3.06
25	9	室友发现了小王一个秘密。	A	4.30	13	25	3.70
26	9	室友分享了小王一个秘密。	B	3.13	12		
27	9	室友惊吓了小王一位母亲。	C	2.36	17	22	3.79
28	10	政府赔偿了小王十万元钱。	A	2.56	23	19	4.47
29	10	政府拨款了小王十万元钱。	B	1.66	20		
30	10	小李走进了小王一片树林。	C	1.69	14	22	2.80
31	11	领导通知了小王一件事儿。	A	3.44	18	17	3.54
32	11	领导讨论了小王一件事儿。	B	3.47	11		
33	11	领导回到了小王一座城市。	C	3.68	14	25	3.52
34	12	小李求了小王一件事儿。	A	4.04	7	17	4.99
35	12	小李讲了小王一件事儿。	B	3.83	6		
36	12	小李来了小王一个美国。	C	5.27	7	21	4.09
37	13	小李教了大家一首新歌。	A	3.71	11	37	1.51
38	13	小李唱了大家一首新歌。	B	3.80	11		
39	13	小李出了大家一个大门。	C	4.63	5	10	2.78
40	14	小李教授了大家一首曲子。	A	3.28	22	19	2.62
41	14	小李演奏了大家一首曲子。	B	2.84	23		

续表

序号	组序号	实验句	条件	动词词频	动词笔画数	NP_2笔画数	NP_2中心词词频
42	14	小李打扮了大家一个孩子。	C	2.99	12	16	4.57
43	15	小李付给了公司一大笔钱。	A	2.51	14	21	4.47
44	15	小李申请了公司一大笔钱。	B	3.22	15		
45	15	小李横穿了公司一条公路。	C	1.79	24	17	2.97
46	16	小李报告了小王一些情况。	A	3.59	14	24	4.03
47	16	小李透露了小王一些情况。	B	2.75	31		
48	16	小李钻进了小王一片水底。	C	1.81	17	12	4.37
49	17	小李告知了小王一段经历。	A	2.62	15	22	3.59
50	17	小李吐露了小王一段经历。	B	1.58	27		
51	17	小李穿过了小王一个美国。	C	3.01	15	21	4.09
52	18	小李支援了农民一笔巨款。	A	2.82	16	27	1.66
53	18	小李保存了农民一笔巨款。	B	2.76	15		
54	18	小李越过了农民一个地方。	C	2.37	18	14	4.37
55	19	朋友请教了小李一个难题。	A	1.91	21	29	2.33
56	19	朋友讲解了小李一个难题。	B	1.79	19		
57	19	朋友排斥了小王一个集体。	C	2.28	16	23	2.46
58	20	小李问了小王一件事。	A	4.31	6	15	4.99
59	20	小李说了小王一件事。	B	5.36	9		
60	20	小李逛了小王三条街。	C	2.62	10	22	3.51
61	21	老师询问了孩子一些情况。	A	2.80	14	27	4.03
62	21	老师解释了孩子一些情况。	B	3.78	25		

续表

序号	组序号	实验句	条件	动词词频	动词笔画数	NP_2笔画数	NP_2中心词词频
63	21	老师进攻了孩子一座城市。	C	2.96	14	25	3.52
64	22	老师考了学生两个单词。	A	2.91	6	25	2.46
65	22	老师读了学生两个单词。	B	3.67	10		
66	22	老师爱了学生一场电影。	C	4.49	10	27	3.86
67	23	小李转交了小王一项工作。	A	2.10	14	20	4.48
68	23	小李处理了小王一项工作。	B	3.81	16		
69	23	小李走访了小王一个专家。	C	1.32	13	18	3.24
70	24	小李麻烦了小王好些事儿。	A	3.87	21	22	3.54
71	24	小李打扰了小王好多事儿。	B	3.52	12		
72	24	小李组织了小王一场晚会。	C	3.53	16	24	2.82
73	25	商家赞助了小王一个手机。	A	2.61	23	14	3.56
74	25	商家夸耀了小王一个手机。	B	1.49	26		
75	25	商家遵守了小王一部宪法。	C	2.88	21	17	2.48
76	26	小李归还了小王一本书。	A	2.21	12	10	3.85
77	26	小李朗读了小王一本书。	B	1.85	20		
78	26	小李游过了小王一条河。	C	3.00	18	16	3.06
79	27	小李转告了小王一件事儿。	A	2.40	15	17	3.54
80	27	小李传达了小王一件事儿。	B	2.53	12		
81	27	小李通过了小王一个地方。	C	3.79	16	14	4.37
82	28	小李告诉了小王一个秘密。	A	4.79	14	25	3.70
83	28	小李卖弄了小王一个秘密。	B	1.93	15		

续表

序号	组序号	实验句	条件	动词词频	动词笔画数	NP_2笔画数	NP_2中心词词频
84	28	小李翻过了小王一个地方。	C	2.28	24	14	4.37
85	29	小李回答了小王一个问题。	A	3.61	18	25	4.52
86	29	小李告发了小王一个问题。	B	2.37	12		
87	29	小李走过了小王一片世界。	C	2.53	13	18	4.07
88	30	朋友资助了小王一台电脑。	A	2.51	17	21	3.51
89	30	朋友更新了小王一台电脑。	B	2.21	20		
90	30	朋友游览了小王一个美国。	C	1.77	21	21	4.09
91	31	领导分配了小王一项工作。	A	2.48	14	20	4.48
92	31	领导帮忙了小王一项工作。	B	3.76	15		
93	31	领导攀登了小王一个地方。	C	1.78	31	14	4.37
94	32	小李请示了领导一个问题。	A	1.53	15	25	4.52
95	32	小李难为了领导一个问题。	B	0.60	14		
96	32	小李发起了领导一场比赛。	C	2.36	15	25	4.03
97	33	小李补偿了小王一套课本。	A	2.85	18	26	1.80
98	33	小李订购了小王一套课本。	B	2.02	12		
99	33	小李开展了小王一次活动。	C	2.00	14	22	3.45
100	34	小李答应了小王一件事。	A	3.51	19	15	4.99
101	34	小李商量了小王一件事。	B	2.91	23		
102	34	小李参观了小王一座城。	C	2.68	14	20	3.39

注："条件"列中，A表示无压制句、B表示可压制句，C表示不可压制句。

附录D　二语者纸笔评定与翻译材料及二语者访谈问题

一、语法正确性评分

请给下列句子的语法正确性程度打分，如果完全正确请选5分，如果完全不正确请选择1分，正确性程度越高，分值越高。

Please score the grammatical correctness of the sentences, if the sentence's grammar is completely correct, you can chose 5; if the sentence's grammar is totally wrong, you can chose 1. The more correct the sentence, the higher the score.

1	小李百度了小王一家酒店。	1	2	3	4	5
2	公司奖金了小王一千块钱。	1	2	3	4	5
3	领导邮件了小王一份合同。	1	2	3	4	5
4	妈妈电报了小王一件事。	1	2	3	4	5
5	爸爸冰了小王一个西瓜。	1	2	3	4	5
6	小李龙虾了小王一斤海鲜。	1	2	3	4	5
7	小李图书了小王一张图片。	1	2	3	4	5
8	小李新闻了小王一个消息。	1	2	3	4	5
9	小李姓名了小王一份名单。	1	2	3	4	5
10	小李椅子了小王一批货物。	1	2	3	4	5
11	小李打了小王一个电话。	1	2	3	4	5
12	小李发了小王一封信。	1	2	3	4	5
13	小李写了小王一张卡片。	1	2	3	4	5

续表

14	小李带了小王一份午饭。	1	2	3	4	5
15	小李讲了小王一件事儿。	1	2	3	4	5
16	小李修了小王一条马路。	1	2	3	4	5
17	小李过了小王一座桥。	1	2	3	4	5
18	小李升了小王一面国旗。	1	2	3	4	5
19	小李去了小王一个地方。	1	2	3	4	5
20	小李躲了小王一场大雨。	1	2	3	4	5

二、句子翻译

请按照你的理解将下列汉语句子翻译为英语。如果你觉得句子意义无法理解，则不用翻译。

Please translate the Chinese sentences into English according to your understanding. If you think the sentence is no meaning, you do not need translate it.

1	小李百度了小王一家酒店。	小李打了小王一个电话。
2	公司奖金了小王一千块钱。	小李发了小王一封信。
3	领导邮件了小王一份合同。	小李写了小王一张卡片。
4	妈妈电报了小王一件事。	小李带了小王一份午饭。
5	爸爸冰了小王一个西瓜。	小李讲了小王一件事儿。
6	小李龙虾了小王一斤海鲜。	小李修了小王一条马路。
7	小李图书了小王一张图片。	小李过了小王一座桥。
8	小李新闻了小王一个消息。	小李升了小王一面国旗。
9	小李姓名了小王一份名单。	小李去了小王一个地方。
10	小李椅子了小王一批货物。	小李躲了小王一场大雨。

三、访谈问题

1. “百度”“邮件”“电报”是名词还是动词（表示名称的词，还是表示动作的词）？

2. 你曾经看到或听到这类词用作动词的句子吗？

3. 对于“小李微信了小王一个消息”“小李百度了小王一家酒店”这类句子，你之前有没有学过或听过，你是如何理解它的意义的呢？

4. “小李讲了小王一件事儿”或者“小李打了小王一个电话”这类句子，有没有错？如果有错的话，你觉得哪里错了呢？

参考文献

Goldberg A E，2007．构式：论元结构的构式语法研究[M]．吴海波，译．北京：北京大学出版社．

Goldberg A E，2013．运作中的构式：语言概括的本质[M]．吴海波，译．北京：北京大学出版社．

常辉，2014．母语为英语和法语的学习者对汉语双宾句及其与格转换结构的习得研究[J]．语言文字应用(02): 96-106．

陈昌来，2007．给予类三价动词构成的句式及其论元缺省的认知解释和教学策略[J]．汉语学习(3): 3-12．

陈凡凡，2010．三语环境中的语言迁移——香港学童普通话、英语双宾句的二语习得研究[J]．云南师范大学学报（对外汉语教学与研究版），8(01): 13-18．

陈路遥，2018．词类信息在汉语第二语言复杂层级句法结构加工中的作用及其神经机制研究[D]．北京：北京师范大学．

陈庆荣，等，2011．语言认知中眼动和ERP结合的理论、技术路径及其应用[J]．心理科学进展，19(02): 264-273．

程琪龙，程倩雯，2015．动词和构式的关系——构式进路的利弊[J]．当代语言学，17(01): 35-46，125．

程琪龙，程倩雯，2015．动词和构式之间的关系——词汇构式语法[J]．外国语，38(03): 2-11．

程倩雯，程琪龙，2018．动词—构式的语义关系研究：认知事件框架进路[J]．外国语，41(3): 31-41．

邓思颖，2003．汉语方言语法的参数理论[M]．北京：北京大学出版社．

邓云华，刘芬，2010．构式观与语言构式教学[J]． 西安外国语大学学报，18(02): 14-18．

董燕萍，梁君英，2004．构式在中国学生英语句子意义理解中的作用[J]．

外语教学与研究(1): 42-48，81.
范晓，马洪海，卢英顺，1998．汉语的句子类型[M]．太原：书海出版社.
范晓，2009．汉语句子的多角度研究[M]．北京：商务印书馆.
费尔迪南・德・索绪尔，2011．普通语言学教程[M].高名凯，译．北京：商务印书馆.
冯丽萍，丁国盛，陈颖，2006．动词配价特征的心理现实性研究[J]．语言文字应用(2): 61-68.
冯丽萍，盛双霞，2004．外国学生中文三价动词的习得规律研究[J]．云南师范大学学报(3): 30-34.
冯丽萍，许馨艺，2013．英语母语者对汉语予夺不明类动词双宾结构意义的理解研究[J]．云南师范大学学报（对外汉语教学与研究版），11(4): 25-29.
顾鸣镝，2013．认知构式语法的理论演绎与应用研究[M]．上海：学林出版社.
顾阳，1999．双宾语结构[C]// 徐烈炯．共性与个性：汉语语言学中的争议．北京：北京语言大学出版社.
国家汉办、教育部社科司《汉语国际教育用音节汉字词汇等级划分》课题组，2010．汉语国际教育用音节汉字词汇等级划分（国家标准．应用解读本）[M]．北京：北京语言大学出版社.
郝暾，2018．论元结构构式在汉语母语者与二语学习者句子理解中的作用[J]．语言教学与研究(4): 90-101.
何晓炜，2008．最简方案框架下的英汉双宾语结构生成研究[J]．现代外语(1): 1-12，108.
何晓炜，2009．双及物结构的语义表达研究[J]．外语教学与研究，41(1): 18-24，80.
洪堡特，1997．论人类语言结构的差异及其对人类精神发展的影响[M]．姚小平，译．北京：商务印书馆.
侯建成，刘昌，2008．语言与音乐活动的脑机制研究述评[J]．心理科学进展(1): 50-58.
黄伯荣，廖旭东，2011. 现代汉语下册[M]. 增订5版. 北京：高等教育出版社.
姜琳，2009. 双宾结构和介词与格结构启动中的语义启动[J]. 现代外语，32(1): 59-67，109.
黎锦熙，1924. 新著国语文法[M]. 上海：商务印书馆.
黎锦熙，1986. 比较文法[M]. 北京：中华书局.
黎锦熙，1992. 新著国语文法[M]. 北京：商务印书馆.
李嘉华，郑莹，杨静，2018. 二语熟练水平对汉英双语者二语词汇通达中一语自动激活的影响[J]. 外语教学与研究，50(01):101-113，161.
李临定，1986. 现代汉语句型[M]. 北京：商务印书馆.
李临定，2011. 现代汉语句型[M]. 增订本. 北京：商务印书馆.
李苏苏，2016. 对外汉语教学中双宾句的习得与偏误分析[D]. 苏州：苏州大学.
李昱，2015. 语言共性和个性在汉语双宾语构式二语习得中的体现[J]. 语言教学与研究(1): 10-21.
林艳，2013. 汉语双宾构式句法语义研究[M]. 北京：北京语言大学出版社.
刘丹青，2001. 汉语给予类双及物结构的类型学考察[J]. 中国语文(5): 387-389.
刘润清，2002. 西方语言学流派[M]. 北京：外语教学与研究出版社.
刘燕妮，舒华，2003. ERP与语言研究[J]. 心理科学进展(3): 296-302.
刘正光，2011. 构式语法研究[M]. 上海：上海外语教育出版社.
陆俭明，2004. “句式语法”理论与汉语研究[J]. 中国语文(5): 412-416，479.
陆俭明，2008. 构式语法理论的价值与局限[J]. 南京师范大学文学院学报(1): 142-151.
陆俭明，2009. 构式与意象图式[J]. 北京大学学报（哲学社会科学版），46(3): 3-107.

陆俭明，2011．再论构式语块分析法[J]．语言研究，31(2): 1-7．
陆俭明，2016．构式语法理论有待深究的三个问题[J]．东北师大学报（哲学社会科学版）(4): 2-7．
陆俭明，2016．句类、句型、句模、句式、表达格式与构式——兼说“构式-语块”分析法[J]．汉语学习(1): 3-11．
马庆株，1983．现代汉语的双宾构造[M]// 北京大学中文系《语言学论丛》编委会．语言学论丛．第十辑．北京：商务印书馆．
牛保义，2011．构式语法理论研究[M]．上海：上海外语教育出版社．
彭聃龄，王春茂，1997．汉字加工的基本单元：来自笔画数效应和部件数效应的证据[J]．心理学报(9): 9-17．
沈家煊，1999．“在”字句和“给”字句[J]．中国语文(2): 94-102．
沈家煊，2000．说“偷”和“抢”[J]．语言教学与研究(1): 19-24．
施春宏，2012．从构式压制看语法和修辞的互动关系[J]．当代修辞学(1): 1-17．
施春宏，2014．招聘和求职：构式压制中双向互动的合力机制[J]．当代修辞学(2): 1-11．
施春宏，2015．构式压制现象分析的语言学价值[J]．当代修辞学(2): 12-28．
施春宏，2017．汉语构式二语习得研究的理论思考[J]．语言教学与研究(5): 34-48．
施春宏，2017．汉语构式的二语习得研究[M]．北京：商务印书馆．
石毓智，2004．汉英双宾结构差别的概念化原因[J]．外语教学与研究(2): 83-89，161．
石毓智，2007．结构与意义的匹配类型[J]．解放军外国语学院学报(5): 1-6．
宋作艳，2013．逻辑转喻、事件强迫与名词动用[J]．语言科学，12(2): 117-129．
宋作艳，2018．名词转动词的语义基础——从动词视角到名词视角[J]．中国语文(3): 295-310，383．

孙志农，2008．词汇意义与构式意义的互动关系研究[D]．上海：上海外国语大学．
王冬梅，2001．现代汉语动名互转的认知研究[D]．北京：中国社会科学院．
王瑞乐，李妮，陈宝国，2010．句子加工中的语义P600效应[J]．心理科学进展(4): 545-552．
王小艳，等，2013．汉语句子加工中句法与语义交互作用的时间进程：来自ERP的证据[J]．心理科学，36(04):827-831．DOI:10.16719/j.cnki.1671-6981.2013.04.027．
王寅，2011．构式语法研究[M]．上海：上海教育出版社．
王寅，2013．构式压制和词汇压制的互动及其转喻机制——以英语语法体和动词体为例的分析[J]．外语教学与研究，45(5): 657-668，798．
吴为善，2016．构式语法与汉语构式[M]．上海：学林出版社．
武新云，2016．现代汉语双及物构式习得研究[D]．南京：南京师范大学．
熊仲儒，2004．现代汉语中的致使句式[M]．合肥：安徽大学出版社．
徐盛桓，2001a．名动转用的语义基础[J]．外国语，(1): 15-23．
徐盛桓，2001b．试论英语双及物构块式[J]．外语教学与研究，33(2): 81-87．
徐盛桓，2007．相邻关系视角下的双及物句再研究[J]．外语教学与研究(4): 253-260，321．
徐枢，1985．宾语和补语[M]．哈尔滨：黑龙江人民出版社．
徐维华，2016．认知构式语法研究新动向——构式义的实验研究[J]．外语与翻译，23(4): 45-51．
徐维华，张辉，2010．构式语法与二语习得：现状、问题及启示[J]．当代外语研究(11): 23-28，61．
严羽，1961．沧浪诗话校释[M]．郭绍虞，校注．北京：人民文学出版社．
杨玉芳，2015．心理语言学[M]．北京：科学出版社．
于亮，等，2017．构式的还是动词的？——汉语双宾句加工的神经电生理学研究[J]．语言文字应用(2): 36-45．

袁野，2017．构式语法的理论、流派和应用[M]．北京：高等教育出版社．
袁毓林，1998．汉语动词的配价研究[M]．南昌：江西教育出版社．
袁毓林，2010．汉语配价语法研究[M]．北京：商务印书馆．
袁毓林，2014．汉语名词物性结构的描写体系和运用案例[J]．当代语言学，16(1): 31-48，125．
张斌，2010．现代汉语描写语法[M]．北京：商务印书馆．
张伯江，1994．词类活用的功能解释[J]．中国语文(5): 339-346．
张伯江，1999．现代汉语的双及物结构式[J]．中国语文(3): 175-184．
张伯江，2000．论“把”字句的句式语义[J]．语言研究(1): 28-40．
张冲，LARSON R，2017．汉语中的轻语类和双系式移位[J]．韵律语法研究(1): 1-27．
张国华，2011．汉、英双宾构式比较研究[M]．上海：华东师范大学出版社．
张国宪，2001．制约夺事成分句位实现的语义因素[J]．中国语文(6): 508-518，575．
张辉，卞京，2016．二语习得和加工假说与模式：主要观点与分歧[J]．外语与外语教学(4): 10-20，147．
张建，2007．现代汉语双宾句的典型性研究[D]．武汉：华中师范大学．
张建理，2006．英汉双宾语句认知对比研究[J]．外国语(6): 28-33．
张娇茹，2015．基于语料库的现代汉语名转动词活用与兼类的比较研究[D]．北京：北京交通大学．
张慢慢，等，2017．中文朗读和默读下词频与笔画数的副中央凹-中央凹效应[J]．当代外语研究(1): 5-11，109．
张钦，等，2003．名词与动词加工的ERP差异[J]．心理学报，35(6): 753-760．
张小平，2018．构式压制视域下汉语词素义的生成和演化——以新词素“粉”为例[J]．山东大学学报（哲学社会科学版）(1): 171-176．
张亚旭，等，2011．句子理解过程中词类加工的功能性质[J]．心理科学进展，19(12): 1741-1748．

周领顺，2001．名转动词再研究[J]．外语学刊(2): 49-53．

周长银，2000．现代汉语给字句的生成句法研究[J]．当代语言学(3): 155-167．

周长银，2017．“单线加工”还是“多线加工”？——语义P600研究的争议与最新进展[J]．外国语，40(6): 98-107．

朱德熙，1979．与动词“给”相关的句法问题[J]．方言(2): 81-87．

朱德熙，1999．变换分析中的平行性原则[M]//朱德熙文集（第三卷）．北京：商务印书馆．

朱旻文，2013．因果事件框架下第二语言学习者汉语动结式习得研究[D]．北京：北京语言大学．

ALLEN K, at el, 2012. Distinguishing grammatical constructions with fMRI pattern analysis [J]. Brain Lang, 2012, 123(3): 174-182. DOI: 10.1016/j.bandl.08.005.

AMSEL BD, URBACH TP, KUTAS M, 2013. Alive and grasping: Stable and rapid semantic access to an object category but not object graspability [J]. Neuroimage, 77: 1-13.

AOUN J, LI YH, 1989. Scope and constituency [J]. Linguistic Inquiry, 20: 141-172.

BALOTA DA, CHUMBLEY JI, 1984. Are lexical decisions a good measure of lexical access? The role of word frequency in the neglected decision stage [J]. Journal of Experimental Psychology: Human Perception and Performance, 10(3): 340-357.

BENCINI GML, GOLDBERG AE, 2000. The contribution of argument structure constructions to sentence meaning [J]. Journal of Memory and Language, 43(4): 640-651.

BOCK K, 1986. Syntactic persistence in language production [J]. Cognitive Psychology, 18: 355-387.

BOCK K, 1989. Closed-class immanence in language production [J]. Cognition,

31: 163-186.

BOCK K, LOEBELL H, 1990. Framing sentences [J]. Cognition, 35: 1-39.

BOCK K, LOEBELL H, MOREY R, 1992. From conceptual roles to structural relations: Bridging the syntactic cleft [J]. Psychological Review, 99: 150-171.

BORNKESSEL I, SCHLESEWSKY M, 2006. The extended argument dependency model: A neurocognitive approach to sentence comprehension across languages [J]. Psychological Review, 113(4): 787-821.

BORNKESSEL-SCHLESEWSKY I, SCHLESEWSKY M, 2008. An alternative perspective on "semantic P600" effects in language comprehension [J]. Brain Research Reviews, 59(1): 55-73.

BOWERMAN M, 1973. Early syntactic development: A cross-linguistic study with special reference to Finnish [M]. Cambridge: Cambridge University Press.

BROUWER H, et al, 2012. Getting real about semantic illusions: Rethinking the functional role of the P600 in language comprehension [J]. Brain Research, 1446: 127-143.

BROWN W S, LEHMANN D, MARSH J T, 1980. Linguistic meaning-related differences in evoked potential topography: English, Swiss-German and imagined [J]. Brain and Language, (11): 340-353.

CAI Q, BRYSBAERT M, 2010. SUBTLEX-CH: Chinese word and character frequencies based on film subtitles [J]. PLoS One, 5(6): e10729. DOI: 10.1371/journal.pone.0010729.

CHOMSKY N, 1959. A review of B. F. Skinner's verbal behavior [J]. Language, 35(1): 26-58.

CHOMSKY N, 2002. Syntactic structures [M]. 2nd ed. Berlin & New York: Mouton de Gruyter.

CLAHSEN H, FELSER C, 2006a. Continuity and shallow structures in language processing [J]. Applied Psycholinguistics, 27: 107-126.

CLAHSEN H, FELSER C, 2006b. Grammatical processing in language learners [J]. Applied Psycholinguistics, 27(1): 3-42.

CLARK E V, 1978. Discovering what words can do [C]//FARKAS D, JACOBSEN W M, TODRYS K W. Papers from the parasession on the lexicon. Chicago: Chicago Linguistic Society: 34-57.

CLARK E V, CLARK H H, 2003. When nouns surface as verbs [C]. KATAMBA F. Critical concepts in linguistics, vol. 5: Morphology: its relation to semantics and the lexicon [M]. London: Routledge.

COULSON S, KING J, KUTAS M, 1998. Expect the unexpected: event-related brain response of morphosyntatic violations [J]. Language and Cognitive Processes, 13: 21-58.

DE ALMEIDA RG, 2004. The effect of context on the processing of type-shifting verbs [J]. Brain and Language, 90(1): 249-261.

DE SWART H, 1998. Aspect shift and coercion [J]. Natural Language & Linguistic Theory, 16(2): 347-385.

ELLIS N, 2016. On-line processing of verb-argument constructions [J]. Review of Cognitive Linguistics, 14(1): 105-135.

FERREIRA F, 2003. The misinterpretation of noncanonical sentences [J]. Cognitive Psychology, 47: 164-203.

FERREIRA F, PATSON ND, 2007. The "good-enough" approach to language comprehension [J]. Language and Linguistics Compass, 1(1-2): 71-83.

FRIEDERICI AD, 2002. Towards a neural basis of auditory sentence processing [J]. Trends in Cognitive Sciences, 6(2): 78-84.

FRIEDERICI AD, KOTZ SA, 2003. The brain basis of syntactic processes: Functional imaging and lesion studies [J]. Neuroimage, 20(S1): 8-17.

FRIEDERICI AD, PFEIFER E, HAHNE A, 1993. Event-related brain potentials during natural speech processing: Effects of semantic, morphological and syntactic violations [J]. Cognitive Brain Research, 1: 183-192.

GOLDBERG AE, 1995. Constructions: A construction grammar approach to argument structure [M]. Chicago: The University of Chicago Press.

GOLDWATER M, MARKMAN A, 2006. Constructional sources of implicit agents in sentence comprehension [J]. Proceedings of the Annual Meeting of the Cognitive Science Society, 28: 273-278.

GOUVEA AC, et al, 2010. The linguistic processes underlying the P600 [J]. Language and Cognitive Processes, 25(2): 149-188.

GREENHOUSE SW, GEISSER S, 1959. On methods in the analysis of profile data [J]. Psychometrika, 24(2): 95-112.

HAGOORT P, 2003. How the brain solves the binding problem for language: A neurocomputational model of syntactic processing [J]. Neuroimage, 20(S1): 18-29.

HAGOORT P, 2005. On Broca, brain, and binding: a new framework [J]. Trends in Cognitive Sciences, 9: 416-426.

HAGOORT P, 2013. MUC (Memory, Unification, Control) and beyond [J]. Frontiers in Psychology, 4: 416.

HAHNE A, FRIEDERICI AD, 2002. Differential task effects on semantic and syntactic processes as revealed by ERPs [J]. Cognitive Brain Research, 13(3): 339-356.

HARE M, McRAE K, ELMAN JL, 2003. Sense and structure: meaning as a determinant of verb subcategorization preferences [J]. Journal of Memory and Language, 48: 281-303.

HAUK O, et al, 2012. The time-course of single-word reading: evidence from fast behavioral and brain responses [J]. Neuroimage, 60(2): 1462-1477.

HEALY, A F, MILLER, G A, 1970. The verb as the main determinant of sentence meaning [J]. Psychonomic Science, 20(6): 372.

HERNANDEZ E, 2013. The bilingual brain [M]. Cambridge: Cambridge

University Press.

HOFFMANN T, TROUSDALE G, 2013. The Oxford handbook of construction grammar [M]. New York: Oxford University Press.

IVANOVA I, et al, 2012. The comprehension of anomalous sentences: Evidence from structural priming [J]. Cognition, 122(2): 193-209.

JACKENDOFF R, 2010. Electrophysiological correlates of complement coercion [J]. Journal of Cognitive Neuroscience, 22(12): 2685-2701.

JACKENDOFF R, 1997. The architecture of the language faculty [M]. Cambridge, Mass: MIT Press.

JOHNSON MA, GOLDBERG AE, 2013. Evidence for automatic accessing of constructional meaning: Jabberwocky sentences prime associated verbs [J]. Language and Cognitive Processes, 28(10): 1439-1452.

KASCHAK MP, GLENBERG AM, 2000. Constructing meaning: The role of affordances and grammatical constructions in sentence comprehension [J]. Journal of Memory and Language, 43(3): 508-529.

KAYNE RS, 1981. On certain differences between French and English [J]. Linguistic Inquiry, 12: 349-371.

KUPERBERG G R, et al, 2003. Electrophysiological distinctions in processing conceptual relationships within simple sentences[J]. Brain Res Cogn Brain Res, 17(1):117-129. DOI:10.1016/S0926-6410(03)00086-7.

KUPERBERG GR, et al, 2010. Electrophysiological correlates of complement coercion [J]. Cogn Neurosci, 22(12): 2685-2701.

KUTAS M, FEDERMEIER K, 2011. Thirty years and counting: finding meaning in the N400 component of the event-related brain potential (ERP) [J]. Annual Review of Psychology, 62: 621-647.

KUTAS M, HILLYARD S, 1980. Reading senseless sentences: Brain potentials reflect semantic incongruity [J]. Science, 207(4427): 203-205.

LANGACKER M, 1987. Foundations of cognitive grammar [M]. Stanford, Calif:

Stanford University Press.

LANGACKER RW, 2005. Construction grammars: cognitive, radical, and less so [C] // Cognitive Linguistics: Internal Dynamics and Interdisciplinary Interaction. Berlin: Mouton de Gruyter.

LARSON R, 1988. On the Double Object Construction [J]. Linguistic Inquiry, 19(3): 335-391.

LAUWERS P, WILLEMS D, 2011. Coercion: Definition and challenges, current approaches, and new trends [J]. Linguistics, 49(6): 1219-1235.

LIU Y, et al, 2010. Structure and meaning in Chinese: An ERP study of idioms [J]. Journal of Neurolinguistics, 23(6): 615-630.

LUCK S, 2005. An introduction to the event-related potential technique [M]. Cambridge, Mass: MIT Press.

MAUNER G, KOENIG J P, 2000. Linguistic vs. Conceptual Sources of Implicit Agents in Sentence Comprehension[J].Journal of Memory & Language, 43(1):110-134. DOI:10.1006/jmla.1999.2703.

MICHAELIS LA, 2004. Type shifting in construction grammar: An integrated approach to aspectual coercion [J]. Cognitive Linguistics, 15(1): 1-67.

NEELY JH, 1991. Semantic priming effects in visual word recognition: A selective review of current findings and theories [C] // BESNER D, HUMPHREYS GW. Basic processes in reading: Visual word recognition Mahwah, NJ: Lawrence Erlbaum Associates, Inc.: 264-336.

OSTERHOU L, HOLCOMB PJ, 1992. Event-related brain potential elicited by syntactic anomaly [J]. Journal of Memory and Language, 31: 785-806.

OSTERHOUT L, HOLCOMB PJ, SWINNEY DA, 1994. Brain potentials elicited by garden-path sentences: evidence of the application of verb information during parsing [J]. Journal of Experimental Psychology: Learning, Memory, and Cognition, 20(4): 786-803.

OSTERHOUT L, MCLAUGHLIN J, BERSICK M, 1997. Event-related brain potentials and human language [J]. Trends in Cognitive Sciences, 1(6): 203-209.

PARTEE B, ROOTH M, 1983. Generalized conjunction and type ambiguity [C] // Rainer Bäuerle, Christoph Schwarze, Arnim von Stechow. Meaning, use, and interpretation of language. Berlin & New York: Mouton de Gruyter: 361-383.

PICKERING MJ, BRANIGAN HP, 1998. The representation of verbs: Evidence from syntactic priming in language production [J]. Journal of Memory and Language, 39(4): 633-651.

PINKER S, MEHLER JA, 1989. Learnability and cognition: The acquisition of argument structure [M]. Cambridge, Mass: MIT Press.

PIÑANGO MM, et al, 2006. Time-course of semantic composition: The case of aspectual coercion [J]. Journal of Psycholinguistic Research, 35: 233-244.

PULVERMÜLLER F, ASSADOLLAHI RA, 2007. Grammar or serial order? Discrete combinatorial brain mechanisms reflected by the syntactic mismatch negativity [J]. Journal of Cognitive Neuroscience, 19(6): 971-980.

PUSTEJOVSKY J, 1995. The generative lexicon [M]. Cambridge, Mass: MIT Press.

PYLKKÄNEN L, MCELREE B, 2007. An MEG study of silent meaning [J]. Journal of Cognitive Neuroscience, 19: 1905-1921.

QUIRK R A, 1985. Comprehensive grammar of the English language [M]. London: Longman.

RÖMER U, O'DONNELL M, ELLIS N, 2014. Second language learner knowledge of verb-argument constructions: Effects of language transfer and typology [J]. The Modern Language Journal, 98(4): 952-975.

SCHACHT A, et al, 2014. Differential task effects on N400 and P600 elicited by semantic and syntactic violations [J]. PLoS One, 9(3): e91226. DOI: 10.1371/journal.pone.0091226.

SHAMAY-TSOORY SG, TOMER R, AHARON-PEREZ J, 2005. The neuroanatomical basis of understanding sarcasm and its relationship to social cognition [J]. Neuropsychology, 19: 288-300.

SPIVEY-KNOWLTON MJ, TRUESWELL JC, TANENHAUS MK, 1993. Context effects in syntactic ambiguity resolution: discourse and semantic influences in parsing reduced relative clauses [J]. Canadian Journal of Experimental Psychology, 37: 276-309.

SPROUSE J, 2007. Continuous acceptability, categorical grammaticality, and experimental syntax [J]. Biolinguistics, 1: 123-134.

SUTTLE L, GOLDBERG AE, 2011. The partial productivity of constructions as induction [J]. Linguistics, 49(6): 1237-1269.

TAYLOR J R, 2002. Cognitive grammar [M]. Oxford: Oxford University Press.

TRAXLER MJ, PICKERING MJ, MCELREE B, 2002. Coercion in sentence processing: Evidence from eye-movements and self-paced reading [J]. Journal of Memory and Language, 47(4): 530-547.

WEBER-FOX CM, NEVILLE HJ, 1996. Maturational constraints on functional specializations for language processing: ERP and behavioral evidence in bilingual speakers [J]. Journal of Cognitive Neuroscience, 8(3): 231-256.

WILKINSON L, 1999. APA task force on statistical inference. Statistical methods in psychology journals: Guidelines and explanations [J]. American Psychologist, 54(8): 594-604.

YANO M, SAKAMOTO T, 2016. The interaction of morphosyntactic and semantic processing in Japanese sentence comprehension: Evidence from event-related brain potentials [J]. Gengo Kenkyu, 149: 43-59.

YE Z, et al, 2006. Semantic and syntactic processing in Chinese sentence comprehension: Evidence from event-related potentials [J]. Brain Research, 1071(1): 186-196.

YE Z, ZHOU X, 2007. The semantic processing of syntactic structure in sentence comprehension: An ERP study [J]. Brain Research, 1142: 135-145.

YU J, ZHANG Y, 2008. When Chinese semantics meets failed syntax [J]. NeuroReport, 19(7): 745-749.

YUAN B, 2018. Can L2 sentence processing strategies be native-like? Evidence from English speakers' L2 processing of Chinese base-generated-topic sentences [J]. Lingua, 191-192: 42-64.

ZHANG, at el, 2013. Syntax does not necessarily precede semantics in sentence processing: ERP evidence from Chinese [J]. Brain and Language, 126(1): 8-19.

ZHANG Y, YU J, BOLAND JE, 2010. Semantics does not need a processing license from syntax in reading Chinese [J]. Journal of Experimental Psychology: Learning, Memory, and Cognition, 36(3): 765-781.

ZHENG X, LEMHÖFER K, 2019. The "semantic P600" in second language processing: When syntax conflicts with semantics [J]. Neuropsychologia, 127: 131-147.

后　记

本书源于我的博士论文，也是我第一个实验研究的探索性成果。作为一个愚钝之人，至今仍能在学术的道路上蹒跚而行，要感谢多位老师的指点和提携。首先也最应该感谢的是我的博导冯丽萍老师。感谢她肯“收留”我这个年近不惑的老学生，感谢她不嫌弃我这个没有任何心理语言学基础的“小白”。进入师门之后，从选题、实验设计，到数据处理、写论文、改论文，每一环节无不倾注了冯老师的心血。从老师的身上，我看到了为师者的严与爱，于学术之严谨，于学生之爱护。还有我的硕导董为光老师，每次我遇到问题时，都能得到董老师的鼓励和指点。丁崇明、朱志平老师在课堂上的谆谆教诲，邢红兵、陈宝国、丁国盛、李晋霞、鹿士义老师在博士论文开题和答辩中提出的宝贵意见和建议，都帮助我拨开沿途的迷雾，寻找到更明确的方向。感谢助我一路成长的冯门伙伴：阿夫、冯浩、韩笑、陈路遥、解雅斐、李中山、高迪、国佳、高晨阳、廖薇……，因为有了各位同门师友的帮助和支持，才让这项研究的过程充满了安心和快乐。期间更有很多的同学和朋友：张轶菲、康春燕、万丽丽、马永草、康磊、彭金玉、夏晓磊……，有了他们的援手，才让这项研究能够更顺利地推进。感谢一直陪伴和支持我的家人们。在我焦虑、迷茫、彷徨、困顿的时候，我的先生贾怀鹏总是用他的底线思维提醒我要“放宽心”；还有我的两个女儿，感谢你们一直爱着我这个不合格的妈妈。感谢蔡亮院长的推荐，中国宇航出版社和李琬琪编辑的辛苦工作，才使本书得以顺利出版。